科學天地 55

World of Science

3D 理化遊樂場　I

玩出理化高手

陳偉民、林金昇、江彥雄／撰稿

鐘世凱、三鏑動畫科技公司／動畫製作

作者簡介

陳偉民

國立台灣師範大學畢業，現任國立新莊高中化學教師。長期參與教科書編寫與課程規劃，課餘之暇，從事通俗科學寫作，作品散見《發現》、《青年世紀》、《幼獅少年》等雜誌，著有《智多星出擊》第一、二冊、《誰殺了大恐龍》、《天才小玩子》及《創意教學──理化篇》（與祁明輝合著）。

林金昇

國立台灣大學畢業，台大環境工程研究所碩士。曾任行政院環保小組研究員，從事環境資源保育及研究多年。著有《我們只有一個地球：談世界環境問題》、《享受呼吸是最愛：談空氣污染》、《盼清香永久撲鼻：談惡臭公害》、《讓濁流再澄清：談水污染防治》、《光合菌處理高濃度有機廢水之研究》等，譯有《飲用水與健康》。

江彦雄

國立成功大學畢業，美國佛羅里達大學化工博士。曾任美國喬治華盛頓大學、賓州大學客座教授。目前為中華綜合發展研究院高級研究員兼教授。從事物理化學研究、教學工作四十餘年，著有《苯的基本性質及有害特性》、《廢能源再利用》、《有害廢棄物處理手冊》（以上均為英文著作）等。發表過的學術論文達40餘篇。

動畫作者簡介

鐘世凱

國立台灣大學畢業，美國喬治華盛頓大學電腦科學博士。曾任美國數位影像協會
（ACM SIGGRAPH）台北分會會長。目前擔任國立台灣藝術大學多媒體動畫藝術研
究所助理教授。從事3D動畫製作、虛擬實境研究多年，為國內少數具自然科學基礎
的動畫科技菁英。

三鏑動畫科技公司

2001年三鏑動畫科技公司成立之初，即懷抱「寓科技於玩心」的創設理念，企圖以先進的動畫技術，改變生活與工作的舊思維。耗時兩年餘完成的《3D理化遊樂場》，就是秉持理念，把學習融入快樂與遊戲的氣氛。除了學習領域，三鏑公司目前也嘗試把電腦動畫技術，運用在工程建設、水理分析、電腦地圖、新科技開發模擬製作等全新領域中。目前實際負責技術執行的有張明中、潘世傑兩位3D動畫師。

Delight — 愉悅

Digital — 數位

Dream — 夢想

推薦序

（依姓氏筆畫排列）

　　原來理化也能這麼有趣，在資訊發達的今日，學習已經可以利用動畫呈現，書本中的知識不再單純只是黑白文字。理化，其實一點也不可怕，那是你不願意去親近他、瞭解他；當你願意花時間與他做朋友，你會發現他原來是那麼平易近人。閱讀本書，將帶你遨遊理化世界，我想你會發現，原來理化真的可以這麼簡單有趣！

—— 林鎮洋 台北科技大學土木系教授

　　當三個孩子們還在國中時，也曾經想過要編一份理化教材，藉由與子女的互動提升他們的理化基礎。一晃之間，孩子們長大了，想法卻始終沒有實現。所以，當三鏑動畫公司的林先生首次介紹天下文化的《3D理化遊樂場》時，我的眼睛為之一亮，內心深為感動。作者以生動的3D彩色動畫，深入淺出的將各項理化基本理論清楚呈現，除了以潛移默化的方式滿足孩子們的好奇心，並能讓孩子確切的瞭解大自然奧妙。同時，如果家長能與孩子共同操作軟體，父母們也會驚訝於親子間感情的增進與「再度找尋到青少年時失落的科學家之夢」。

—— 馬小康 台灣大學機械所教授

　　學習，是一件快樂的事，也是一門愉悅心靈的終身功課，重點在於慎選良書為伴。

　　生動、有趣、化抽象為具體，我認為這套書完全做到了！

　　欣見國內終於有第一套利用三維電腦動畫技術，解釋理化基礎原理的叢書問市，今後，坐在家裡的電腦前面也可以像進入實驗室。

　　從水分子的3D結構、光的成像到電流的發生與運用，在一次次的驚喜之餘，也多所讚歎，學習真的可以如此快樂！

　　在此誠摯的推薦這套書能成為您家裡的一員。

　　　　　　　　—— **楊平世** 台灣大學生物資源暨農學院教授兼院長

3D理化遊樂場導覽

　　《3D理化遊樂場》結合書本與光碟兩種媒體，幫助你學習理化基本原理。如果你是一般讀者，平日閱讀了一些科普書，但沒有機會動手做實驗或親眼目睹實驗進行，你可藉由3D動畫，身歷其境觀察實驗過程，並透過動畫清楚的解說，瞭解背後的原理。《3D理化遊樂場》中的83個實驗動畫，緊扣國中理化課程，如果你是國中生，對於教科書平面插畫或老師口頭講述不易明白的地方，可以藉由3D動畫反覆觀賞，直到瞭解爲止。一方面減少實驗廢棄物造成的汙染，也避免了實驗時可能發生的危險事件，例如化學藥品爆炸、灼傷、割傷、電擊等。

在哪裡可以看到動畫與解說？

　　書籍共有兩冊，每冊搭配一張光碟（第vi頁起，有光碟的使用說明）。書本中的本文詳細解釋了各種理化原理，如果有動畫可以配合觀看，你會在本文邊欄上看到圖示，表示你可以到電腦上看動畫。而且爲了方便在沒有電腦的情況下，也能吸收動畫中的知識，我們把動畫的精髓抽取出來，做成定格解說放在書裡，本文中會提示動畫定格解說的出現頁數。

動畫圖示

出現這種圖示，代表有3D動畫可以觀賞。第1行括號中的名稱提示你應該進入哪一項遊樂設施或建築，第2行則是動畫名稱。這裡的例子告訴你，可以進到〈拔河館〉中觀看「水與酒精的浮力實驗」動畫。

3D
理化遊樂場
(1)

▲ 光碟動畫〈拔河館〉
水與酒精的浮力實驗

圖 9-3▶
(a) 浮體的密度小於液體，會自液面露出部分體積。 (b) 沈體的密度大於液體，會沈到液體底部。

239

中只減輕8公克重 見第253頁的「看動畫・學理化」

根據第二次的實驗，可以發現：

$$浮力 ＝ （排開酒精的體積）× （酒精的密度）$$
$$＝ 10 × 0.8 ＝ 8$$

這個結果完全符合阿基米德對於浮力的敘述。

物體的密度如果大於液體的密度，這個物體置入液體時，排開液體的重量，會小於物體的重量，也就是說浮力會小於重量，因此物體會下沈，該物體會一直沈到液體底部。這種沈入液體底部的物體為沈體。

物體的密度若小於液體，即使硬把該物體按入液體使其完全沒入，因其排開液體的重量大於物體重量，浮力大於物重，所以放手後，物體會上升，浮力減小，直到浮力等於該物體所受重力。此時該物體能自液面露出部分體積，我們稱這種物體為浮體。

a   b

解說頁數

內文中會標出，這個動畫的定格解說從書中的第幾頁起。

所有動畫的定格解說，放在每一章本文之後的「看動畫‧學理化」單元。你可以先看這個單元，對動畫內容有粗淺的概念後，再看光碟的動畫；或是一邊看書，一邊看動畫；也可以看完動畫後再看書，加深印象。上一頁的例子「水與酒精的浮力實驗」動畫，就在第9章第253頁起。

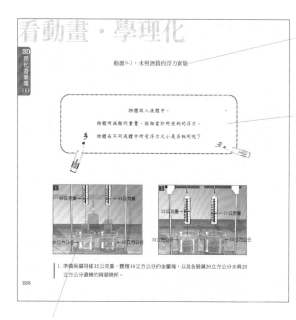

動畫名稱
書中出現的動畫名稱與光碟
動畫中的一致。

動畫解說
動畫目的或應該注意的重點。

定格畫面
從動畫中擷取的精彩
畫面，畫面下方有詳
細的文字說明。

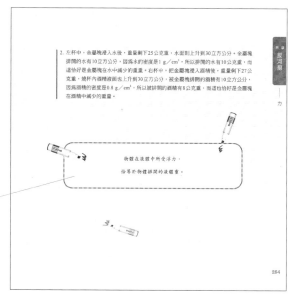

動畫結語
從動畫中可以獲得的
觀念或結論。

如何使用光碟？

光碟附於書末的版權頁後面，請取出來後，放入電腦的CD匣，開始安裝。如果電腦沒有自動執行安裝程式，請進到光碟資料夾中，執行 batman.exe，即可安裝。但是安裝前，請先注意系統需求。

系統需求

CPU PII 400 或 100％ 相容機種

記憶體（RAM）128 MB 以上

硬碟空間 1 GB 以上

作業系統 Windows/98/Me/2000/XP

播放程式 Media Player 7.0 或以上版本

顯示卡 8 MB 以上

螢幕解析度 800×600 以上

音效卡支援 DirectSound 或 100％ 相容音效卡

光碟安裝完畢後，電腦桌面上會出現《3D理化遊樂場 I》小圖示。以後，你只要移動滑鼠、按下圖示，就可以遨遊3D理化遊樂場了。

3D理化遊樂場 I

電腦桌面圖示

從電腦進入3D理化遊樂場的捷徑。

歡迎光臨3D理化遊樂場！

　　進入《3D理化遊樂場 I》，映入眼簾的是蔚藍的天空、青翠的草地，還有許多遊樂設施與建築，讓人心情頓時愉快了起來，接下來請盡情暢遊理化世界。

　　每一項設施的名稱與書本中的章名相同，把滑鼠移到設施上，設施名稱下方會出現裡面的理化主題，例如物質的分類與變化、水、空氣等等，再按下滑鼠左鍵，即可直接進入各設施，觀賞裡面的動畫，或玩遊戲。

快速選單
進入個別動畫
的捷徑。見第
ix頁說明。

但是第1片光碟中只含《3D理化遊樂場 I》所涵蓋的內容，這些設施集中在遊樂場右邊的區域；其他的設施，請安裝第2片光碟後，再從電腦桌面上的《3D理化遊樂場 II》圖示進入。

關閉3D理化遊樂場
按這裡即可直接退出《3D理化遊樂場》。

設施名稱
與書中的章名相同。

把滑鼠移到設施上面，名稱會變色，同時在下方會出現理化主題。如果想進入，再按滑鼠左鍵即可。

遊樂場左下角的快速選單，提供捷徑進入個別動畫，只要以滑鼠點選，即可展開選單。

展開的快速選單
可以看到設施名稱，以及設施裡的動畫或遊戲名稱。

動畫名稱
以黃色字體顯示。

遊戲名稱
以紅色字體顯示
（遊戲請見第 xv
頁的說明）。

設施名稱
底色反白代表這是你目前選取的設施。

進入〈拔河館〉主畫面

如果你從遊樂區，點選各項設施進入，會看到裡面有哪些動畫。以〈拔河館〉為例，進入館中，就是底下這個模樣：

拔河館的第1頁

關閉3D理化遊樂場
按這裡即可直接退出
《3D理化遊樂場》。

動畫
直接按滑鼠左鍵，可進入
動畫的解說畫面。

回3D理化遊樂場
按這裡可直接回到
《3D理化遊樂場》。

到下一頁
按這裡可到第2頁。有些設施裡
的動畫或遊戲總數較多，因此會
放在第2頁。

拔河館的第2頁

回上一頁
按這裡可回到該設施的第1頁。

遊戲
圖裡出現GAME，
表示這是遊戲。

如何觀賞動畫？

不論是從各項設施或動畫清單進入動畫，都會來到解說頁，解說小姐會自動為你解說。以「水與酒精的浮力實驗」為例：

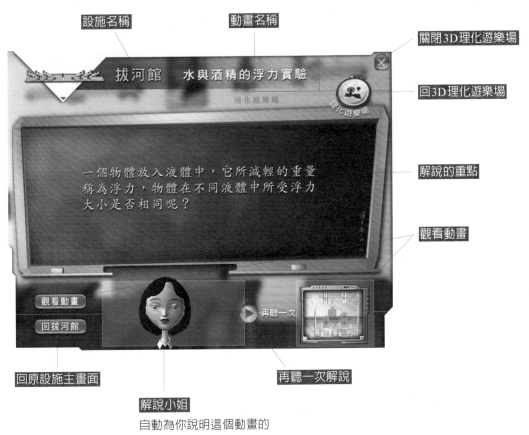

設施名稱

動畫名稱

關閉3D理化遊樂場

回3D理化遊樂場

解說的重點

觀看動畫

回原設施主畫面

解說小姐
自動為你說明這個動畫的
目的或應該注意的重點。

再聽一次解說

選擇「觀看動畫」後，你就可以觀賞動畫了：

關閉3D理化遊樂場

動畫播放畫面

動畫名稱

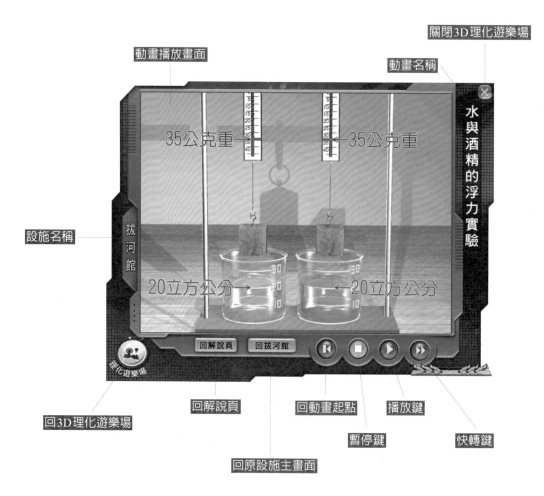

設施名稱

回3D理化遊樂場

回解說頁

回原設施主畫面

回動畫起點

暫停鍵

播放鍵

快轉鍵

動畫播放完畢，會自動跳到結語畫面：

設施名稱　　　動畫名稱

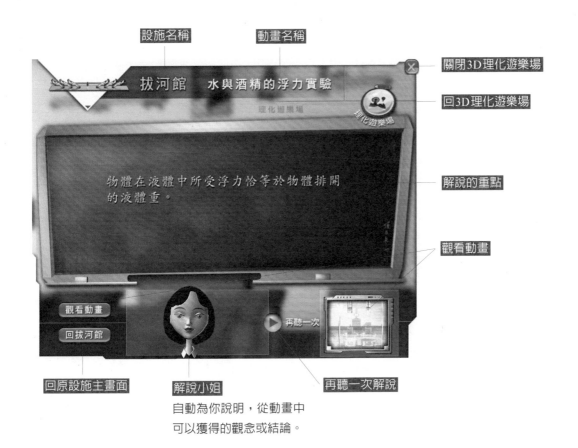

關閉3D理化遊樂場

回3D理化遊樂場

解說的重點

觀看動畫

回原設施主畫面　　解說小姐
　　　　　　　　　自動為你說明，從動畫中
　　　　　　　　　可以獲得的觀念或結論。

再聽一次解說

　　到這裡，表示你已把這個動畫看完了。你的理化功力是不是又
增加了？如果印象還是不夠深刻，你可以再重新觀賞這個動畫。如
果你已經瞭解這個動畫，那就可以回到這個設施的主畫面，觀賞其
他動畫，或回到3D理化遊樂場，去逛逛其他地方。

玩遊戲也可以學理化

最後要提醒你，這片光碟可不是只有3D動畫。裡面還有兩個flash遊戲，讓你從遊戲中複習書裡的理化知識。「元素週期遊戲」位於〈紀念品店〉中，「搬運金塊遊戲」位於〈拔河館〉中。你可以從這兩個設施的主畫面進入遊戲，也可以從快速選單進入。

元素週期遊戲

你一定注意到這張週期表中少了一些元素，不知道是誰不小心把這些元素弄亂丟在底下，請快把下方這些元素放回它們原來正確的位置。

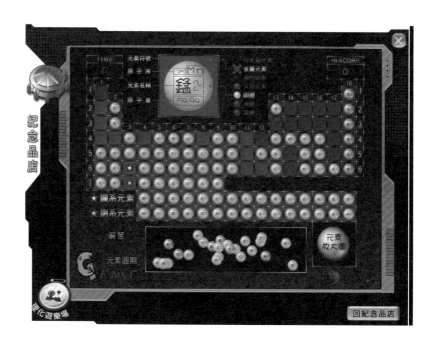

搬運金塊遊戲

外星人留下了可以憑空製造金塊的機器，這部機器每次製造的金塊體積與質量都不同，而且只能製造20塊。現在你要利用可承載10,000 g的浮板，一次就把所要的金塊統統運到湖對岸。你要如何利用浮力原理，使運送的金塊達到最大質量呢？

3D理化
遊樂場 I

目錄

第0章　走進大門 —— 遨遊理化世界　1

第5章 │ 積木館 —— 原子與化學反應　107

第6章 魔術館——電解質 151

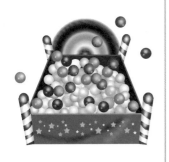

第 10 章　蹺蹺板——力與運動

3D理化遊樂場 II

第 **0** 章

走進大門

—— 遨遊理化世界

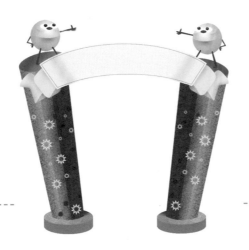

走進遊樂場是什麼心情？是不是既興奮又期待？

如果我們不是「學」理化，而是可以「玩」理化，那該有多好！

你在遊樂場裡看到的每一項遊樂設施，

都和理化的原理脫不了關係。

其實對於瞭解理化、喜愛理化的人來說，

理化世界本來就是個大遊樂場。

走進這道大門，讓3D動畫引領你遨遊理化的世界吧！

什麼是理化？理化就是物理與化學的合稱。大多數人聽到物理、化學，難免心中一驚。有些人因為在校時受過「學習傷害」；有些人則認為這兩門學科高深莫測，不容易懂。其實物理與化學所要學的對象，就隱藏在我們的日常生活中。

以往大家都覺得理化不容易學，這是因為過去的教育注重知識的灌輸，而缺少實際觀察與動手的機會。《3D理化遊樂場 I、II》編寫的目的，是要把理化與生活常識連接起來，輔以3D實驗動畫，讓以往學習上的困難與盲點一掃而光。希望每一位讀者，逛完《3D理化遊樂場 I、II》後，都能真正理解理化的各項學理，而不是只背了一大堆的名詞。

0-1 為什麼該學理化？

如果你有正確的理化知識，那麼你一定是聰明的消費者、理性的公民，最重要的是，你也有潛力成為具有強烈好奇心的快樂現代人！舉例來說，某家洗車業者的招牌上寫著：「一般洗車100元」旁邊另一家洗車業者的招牌寫著：「水分子洗車120元」，一定會有消費者誤以為，水分子洗車與一般洗車是不一樣的，但是稍懂理化常識的人就知道，所有的水都是由水分子構成的，水分子洗車並沒有什麼特別，當然沒有理由要加價囉！社會上的公民，如果人人都能理性思考，那騙徒就無所遁形了！

其實理化說穿了，就是研究、瞭解大自然以及弄明白物質與能量的科學。為了分門別類，有系統理解大自然的現象，所以把理化分成物理與化學這兩大基礎學科。

其中的物理學，主要是探討自然界裡包括聲、光、熱、電以

▲圖 0-1

猜猜看，水分子洗車與一般洗車，哪個洗得比較乾淨？

及力等主要領域的科學，而化學則是涵蓋了物質的結構、組成、特性、變化，以及物質之間反應的科學。

　　你可以拿起本書附上的光碟片瞧瞧，若在光線的反射下細細觀察，一定會發現它的表面有五彩繽紛的燦爛條紋。但你是否知道這片不到20公克重的光碟，當初在工廠製造時，是由第一片母片開始，先由工程師利用物理及化學方法蝕刻成60億個坑洞，並在光碟上排成螺旋環狀，然後經過反覆數次翻模，最後把原料射入模型中，才能製造出大量與母片有一模一樣坑洞的塑膠片。接著，還要在上面覆蓋金屬（金、銀、銅或鋁）薄膜，你看到的光碟片如果是銀白色的大多是鋁膜，如果是金黃色的大多是銅膜。而金屬薄膜上還要再覆蓋塑膠，最後在背後印刷標題與圖案，才變成你手上這片光碟。如果你把它輕輕的放入光碟機中叫出檔案，裡面可以儲存約3億個中文字，相當於一套百科全書。

▲圖0-2

常見的光碟片中，蘊藏了許多理化原理。

　　為什麼會如此神奇？其實光碟片上每一個坑洞的高低，都代表不一樣的信號，這些信號組合起來，就可定義為特定的顏色、音頻或是文字，所以當光碟機用雷射光束去掃描這些坑洞，並透過機器解讀這些訊號所代表的意義，就能把坑洞記號還原成情節精采的電影、旋律動聽的歌曲，或者是感人的文章。

　　當然只要像打鑰匙一樣，照著光碟上面的坑洞依樣蝕刻，就可以輕易複製出一模一樣的產品。如果要大量壓製光碟，更要經過上述製模、壓製等過程，每一個步驟都涉及物理與化學的原理，其中涉及的材料如塑膠、鋁箔或銅箔等，更是化學家深入研究後才選擇的物質。

　　這些日常生活隨手可得的材料，處處都蘊藏著理化的原理，精采無比！

現在，你是不是做好熱身，準備與我們一起遨遊這神奇的理化世界了呢？

0-2 科學的研究步驟

在正式進入學習的階段之前，必須先學會蹲馬步的基本動作，也就是熟練科學研究的三步驟：觀察、假設與實驗。如果研究科學的方法或態度不正確，很可能會得出似是而非的答案，所以對任何簡單的理化現象，都不可輕率下結論。

例如夏天午後天氣很悶熱時，老人家往往會說：「快下雨了！」因為這是老人家累積了多年的觀察得到的經驗，所以往往很準確。但是你可不要倒因為果，認為是天氣悶熱才導致下雨，其實是因為天空的水蒸氣凝結成雨的過程會放出熱，才會導致氣溫上升。接著我們就來好好討論這科學研究的三步驟。

㉠ 觀察

這是科學研究最基本的功夫。科學家透過敏銳的觀察力，來解開自然界奧祕。傳說中，牛頓（Isaac Newton, 1642-1727）因為觀察到蘋果從樹上掉下來，而發現萬有引力定律。而所謂的觀察，又可細分為定性觀察與定量觀察兩種。例如「水是液體」、「冰是固體」這類的觀察，不涉及數值，就是定性觀察。而定量觀察則必須包含數字與單位，例如「水加熱至100℃時會沸騰」、或是「100 毫升的水，質量是100公克」，這些都屬於定量觀察。

⊖ 提出假設

在觀察之後，接著就要針對觀察到的現象提出可能的解釋，在還沒有經過實驗證實之前，一切的理論都是處於假設階段。

⊖ 做實驗

有了假設之後，接下來就要設計實驗，來驗證並支持假設的成立。如果實驗推翻了假設的可能性，就必須重新回到前一個步驟，提出新的假設。

一般而言，唯有透過仔細的觀察與思考，加上實驗，才是學好理化的不二法門。

0-3 做實驗最常犯的錯誤

進入實驗室之前，為了保護自己與他人的安全，必須先暸解實驗室的禮儀與安全守則。例如不可喧嘩嬉戲、不可直接嗅聞藥品、不可用舌頭嚐試藥品。以下是幾個在實驗室裡常犯的錯誤：

⊖ 加熱時

以試管當容器加熱液體時，必須用試管夾夾住試管，而且應先均勻加熱試管，然後再把試管固定於某處加熱，以免試管因為受熱不均，在加熱的過程中破裂。若是以燒杯為容器對液體加熱，不可以用酒精燈直接加熱燒杯，而應該把燒杯放在鋪有陶瓷纖維網的鐵架上，透過酒精燈間接加熱，使熱度均勻分散，以免燒杯破裂（定格解說請見第10頁的「看動畫・學理化」）。

▲光碟動畫〈大門〉
正確用燒杯加熱的方法

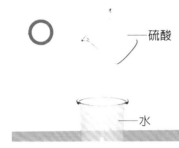

硫酸

水

▲光碟動畫〈大門〉
正確稀釋硫酸的方法

特別要注意的是，在用試管加熱液體時，千萬不可以把試管口朝向自己或他人，以免加熱時液體沸騰噴出，濺傷了人。

⊖ 稀釋硫酸時

　　在稀釋硫酸（H_2SO_4）之類的強酸時，千萬不能把水直接倒入硫酸中，以免酸液濺出而傷人，正確的方式是把硫酸沿著玻璃棒慢慢注入水中（定格解說見第12頁的「看動畫・學理化」）。

知識補充

為什麼不可以把水直接倒入硫酸中？

水的沸點（100℃）低於硫酸的沸點（315～338℃），但是水的比熱比一般的物質來得大（水的比熱為1卡／公克・℃，硫酸比熱約為0.339卡／公克・℃）。也就是說，1公克的水要升溫或降溫1℃，要吸、放熱1卡，而1公克的硫酸要升溫或降溫1℃，只要0.339卡就可以了。可以看出，水的溫度不容易上升，也不容易下降。

把硫酸滴入大量的水中時，水與硫酸的混合是放熱反應。水會吸收釋放出的熱，因為水的比熱大，而且水的量很多，所以水溫上升的度數不致於達到水的沸點。反之，如果有一滴水進入濃硫酸中，雙方混合放出的熱量，因為沒有大量的水可以吸熱，而且硫酸的比熱又較低，會造成液體溫度急速上升，很快到達水的沸點，使水滴沸騰，變成水蒸氣向上逸去，順道帶動濃硫酸跟著濺出，十分危險。

⊖ 點火時：

在點燃酒精燈之前，應先確認酒精燈中酒精的量，不可太多，也不可太少，大約以八分滿為宜。接著以火柴或是打火機點燃酒精燈，絕對不可引另一瓶酒精燈的火焰來點火（見第14頁的「看動畫‧學理化」）。此外，在熄滅燈火時應該使用燈罩，不要用嘴來吹熄。

▲ 光碟動畫〈大門〉
正確的酒精燈點火方法

0-4 精確的度量

為了輔助觀察，必須先從事精準的測量，以下就先介紹質量與重量的概念。

⊖ 質量

代表物體內所包含物質的多寡，它的數值不會隨著萬有引力的大小而有不同，所以地球上質量6公斤的物質若搬到月球上，它的質量還是6公斤。

⊖ 重量

是物質受萬有引力的大小而產生，它的數值會隨著引力的強弱而變化。例如在地球上6公斤重的物體，若搬到月球去則重量將只剩1公斤重，這是因為月球的引力只有地球六分之一的緣故。

測量質量的工具是「天平」。天平的歷史相當悠久，最早可追溯至七千多年前的古埃及，當時古埃及的等臂天平，配有石灰石鑿成的砝碼。而中國的等臂天平出現在兩千多年前的秦朝，於近代挖

掘出的秦代天平，是使用生鐵所製成的秤砣當作砝碼。

經過數千年的演變與發展，雖然現代的天平精準度已大為提高，原理也相對複雜了許多，但是一般而言，它的測量仍是沿用數千年前槓桿平衡的原理。

目前國際上以鉑銥合金的圓柱體做成砝碼，做為國際間測量質量的標準單位。而國際間表示質量的基本單位則訂為公斤，符號是kg。

看動畫‧學理化

動畫0-1：正確用燒杯加熱的方法

在實驗室裡，要用什麼方式加熱，

才不會發生危險？

能不能直接把燒杯放在酒精燈上加熱呢？

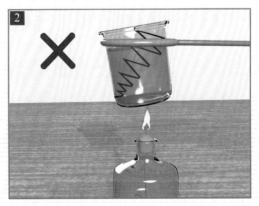

1. 原來，直接把燒杯放在酒精燈上加熱，是既危險又錯誤的動作。

2. 這樣會因為加熱不均勻，導致燒杯破裂。

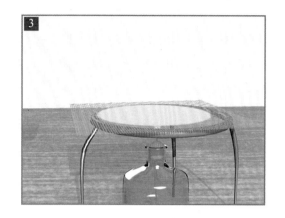

水

3. 在實驗室使用玻璃器皿加熱時，都要用陶瓷纖維網與三腳架。

4. 再把燒杯放上去，才是正確加熱方法。

正確的加熱方式，是用陶瓷纖維網架在三腳架上，

再用酒精燈間接加熱燒杯，

這種方式可以達到平均加熱的效果，比較安全

動畫0-2：正確稀釋硫酸的方法

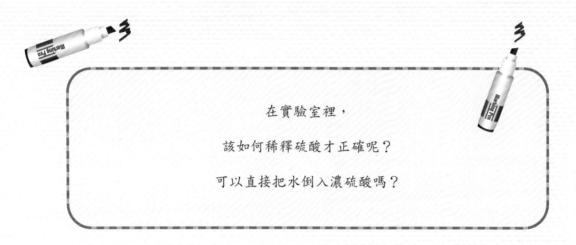

在實驗室裡，

該如何稀釋硫酸才正確呢？

可以直接把水倒入濃硫酸嗎？

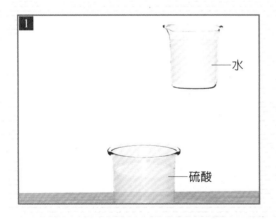

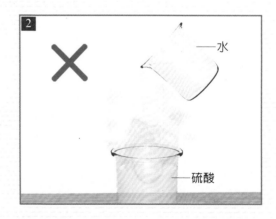

1. 如果我們直接把水倒進濃硫酸中，會有什麼結果呢？

2. 把水倒入硫酸中，會產生激烈的放熱反應，使水沸騰，引發硫酸飛濺出來，而發生意外。

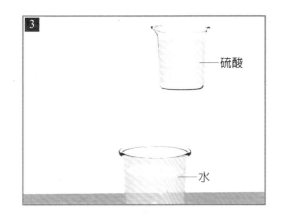

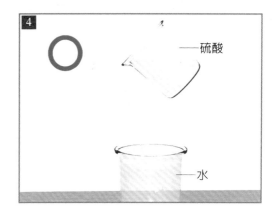

3. 如果改成把硫酸倒入水中，並用玻棒幫助，結果會如何？

4. 用這個方法，就可以安全的稀釋硫酸了。

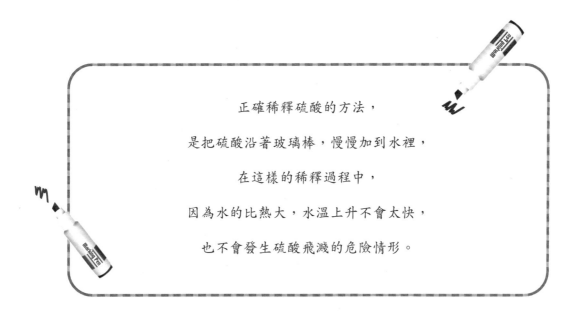

正確稀釋硫酸的方法，

是把硫酸沿著玻璃棒，慢慢加到水裡，

在這樣的稀釋過程中，

因為水的比熱大，水溫上升不會太快，

也不會發生硫酸飛濺的危險情形。

實驗0-3：正確的酒精燈點火方法

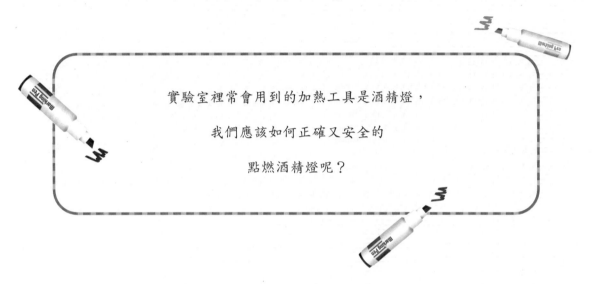

實驗室裡常會用到的加熱工具是酒精燈，

我們應該如何正確又安全的

點燃酒精燈呢？

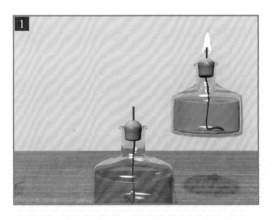

1. 如果拿另外一個酒精燈來引火，可以嗎？

2. 這是絕對禁止的動作，這樣做會使酒精外溢，引起火災。

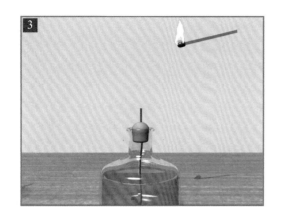

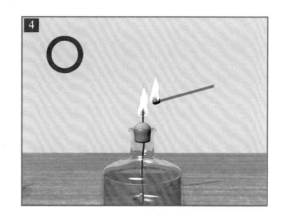

3. 如果用火柴引火呢？

4. 用火柴引火才是點燃酒精燈的正確方法。

正確的酒精燈點火方式，

是要用火柴（或打火機）來點燃燈頭的綿芯，

同時要注意酒精應裝填約八分滿，

不能裝得太滿或太少。

第 **1** 章

廚 房

── 物質的分類與變化

你想過嗎？廚房就是最好的化學教室呢！

每一道菜的烹調過程都像是在變魔術，

來！來一點白米、雞蛋、蔬果，再加點糖、醋、奶油、鹽，

嗯！這兩樣先加熱再混合，那兩樣先混合再加熱，

打開鍋蓋，哇！變成色香味俱全的佳餚了。

白米熟了，蛋白硬了，奶油熔了；嚐一嚐，味道都不一樣了，

猜猜看，這些食材在烹調過程中，發生了什麼變化？

你一定曾用鉛筆寫過字、畫過圖，也可能看過光輝璀璨的鑽石。不過，你知道嗎？鉛筆芯的黑色石墨與女士最愛的閃亮鑽石，都是由碳組成的。只要條件恰當，我們就可以把黑色柔軟的石墨，變成透明堅硬的鑽石，很神奇吧！一種物質，在特定條件下可轉變成另一種完全不同的物質，這就是物質變化的奧妙之處。

1-1 物質的變化

你煎過蛋嗎？蛋白遇熱時，會漸漸由透明液體變成白色固體，之後就算冷卻了，也沒有辦法再變回原來透明的液狀蛋白。奶油遇熱時，會由固體變成液體，但是液狀奶油冷卻後，又會恢復為原來的固體。

蛋白與奶油這兩種物質加熱後，經歷的變化情形顯然不同。若把物質的變化加以分類，可以依據是否產生「新物質」（與原來物質不同），而概分為兩大類，一為物理變化、一為化學變化。

物理變化

物質的體積或形態雖然改變，但本身的成分、性質並沒有改變者，屬於物理變化，像奶油熱受熱就屬於這類變化。

日常生活中，有許多物理變化的實例，如水蒸氣凝結成水滴，雖然外表形態改變，但本質不變，仍然是水。例如糖溶於水，糖並未消失，只是均勻分布在水中，性質並未改變，糖水與原來的糖一樣是甜的。熱脹冷縮也是物理變化，例如溫度計中的水銀受熱時體積膨脹，冷卻時體積縮小，雖然體積改變，但成分仍然是水銀。

化學變化

化學變化是指物質的外觀與性質均有改變，而且產生了新物質的變化。蛋白受熱的情形就是化學變化。

鐵製品曝露在空氣中，空氣中的水氣與氧發生反應而使鐵生鏽，鏽（氧化鐵）與鐵是成分、性質都不相同的物質，所以鐵生鏽是一種化學變化。木材燃燒會產生二氧化碳，二氧化碳氣體與原來的木材固體，在性質與組成上均不相同，所以物質燃燒屬於化學變化。

日常所見的物質變化，通常並不是單純的物理變化或化學變化，而是兩種變化交替進行。從蠟燭燃燒就可以知道：一開始點燃燭芯，燭芯開始燃燒（燃燒，化學變化），然後蠟燭漸漸熔化成蠟油（熔化，物理變化）；蠟油會順著燭芯上升，受熱變為蒸氣（蒸發，物理變化），著火成火燄（燃燒，化學變化）。簡單的點蠟燭過程，就包括了各種物理變化，還有化學變化。

1-2 純物質與混合物

水和糖水有什麼不同呢？依物質的種類來區分，水是純物質，糖水是混合物。

純物質有固定的性質與組成，常見的純物質有鐵、食鹽、水等。混合物則是由兩種或多種的純物質混合而成，常見的混合物如：糖水、牛奶、醬油、空氣等。

純物質通常有固定的熔點與沸點。例如水是純物質，在1大氣壓時，水的沸點永遠是100℃。混合物的熔點與沸點，往往隨各成

▲圖1-1

蠟燭燃燒包含了物理變化以及化學變化。

分的比例不同而改變，以糖水爲例，開始沸騰的溫度並不固定，而是隨糖與水的比例不同而變動。

純物質可以是元素，也可以是化合物。元素用一般物理或化學方法（如加熱、通電等），並無法再分解，在第4章中，會介紹各種元素。化合物是由兩種或多種元素，化合而成的純物質，如水（由氫和氧兩種元素構成）、二氧化碳（由碳和氧兩種元素構成）、酒精（由碳、氫和氧三種元素構成）。化合物中的各元素經由化學反應結合，已經不具有原來的性質。例如氫可燃，氧會助燃，但氫與氧化合後生成的水，既不可燃，也不助燃，反而常用來滅火。

混合物中各個成分物質仍然保有原來的特性，例如糖水中的糖仍是甜的。如果想從混合物中分離出各種純物質，常可借助純物質的特性來進行。使砂糖與砂粒混合在一起，這時可以利用兩者對水溶解度不同的特性（砂糖易溶於水，砂粒則否），把混合物投入水中，充分攪拌後再加以過濾，就可以分離砂糖與砂粒。這時得到的濾液是砂糖與水的混合物，要再用蒸發法，把沸點較低的水蒸發，才可以得到砂糖。

1-3 物質三態

天上的浮雲，地上的流水，山頂的白雪，外表雖然不同，卻是同一種物質——水。

同一種物質，可能會以好幾種型態出現。例如固態的冰塊受熱後會成爲液態的水，水若繼續受熱，溫度就會逐漸升高，變爲氣態的水蒸氣飄散到空氣中（動畫的定格解說，見第24頁的「看動畫‧學理化」）。

▲光碟動畫〈廚房〉
水的三態實驗

一般而言，固態物質有一定的形狀與體積，例如鐵塊就是固態物質。液態物質有一定的體積，但是形狀可以隨著容器而改變，所以並沒有固定的形狀。氣態物質沒有一定的體積，也沒有一定的形狀，能充滿任何容器。

溫度或壓力發生改變時，往往會使物質由一種狀態轉變為另一種狀態。

蒸發

我們以水為例，來說明各種物態變化的現象。

液態物質在沒有達到沸點時，就逐漸由液態變為氣態的現象，稱為「蒸發」。用濕抹布擦桌子後，桌面會留下水漬，但水漬往往很快就會變乾，這個現象就是水的蒸發。

▲光碟動畫〈廚房〉
酒精的蒸發實驗

而倒滿水的茶杯如果不加蓋，經過一段時間後，水量會減少，這也是水蒸發所致。事實上不只是水，只要是液體，多半會有這類的現象（定格解說見第26頁的「看動畫·學理化」）。

在水的蒸發過程中，雖然沒有特地把水加熱，但水從桌面或周圍環境中，可以吸收足夠的熱量進行蒸發。夏天時我們往往很容易流汗，這是身體調節體溫的一種方式，因為汗水蒸發時，會帶走一部分能量，身體也就覺得較涼爽了。

Question 想一想

打針前，護士用酒精為皮膚消毒，為什麼皮膚會覺得涼爽？

酒精在室溫下會迅速蒸發，而蒸發時會帶走能量（汽化熱），所以皮膚會覺得涼爽。

凝結

凝結是物質由氣態轉變爲液態的現象。

日常生活中常見的凝結現象有很多，如下雨天車窗容易模糊，其實是水蒸氣在車窗上凝結成極細小水滴的緣故。剛從冰箱裡拿出來的飲料罐，罐子表面上的水滴，是空氣中的水蒸氣遇到冰涼的飲料罐而凝結成的。清晨常見的霧則是空氣中的水蒸氣，遇低溫而凝結的現象。

凝固

液態物質遇冷變爲固態的現象，即稱爲凝固。

水若放在冷凍庫裡會變成冰，這是因爲水的能量不斷被冷凍庫帶走，因而凝固。

看動畫・學理化

動畫1-1：水的三態實驗

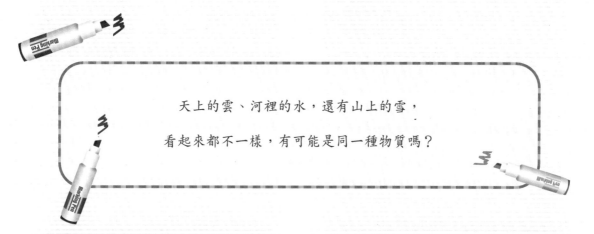

> 天上的雲、河裡的水，還有山上的雪，
>
> 看起來都不一樣，有可能是同一種物質嗎？

1. 冰是固態的水。
2. 冰受熱後會變成液態的水。

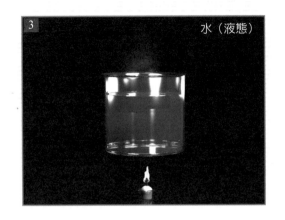

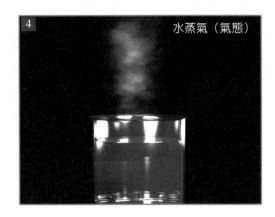

3. 水繼續加熱。

4. 液態的水繼續加熱會變成水蒸氣（氣態的水）。

只要改變溫度與壓力，

水就可以在固態、液態、氣態間相互變換，

它們是同一種物質所構成的，只是狀態不同罷了。

動畫1-2：酒精的蒸發實驗

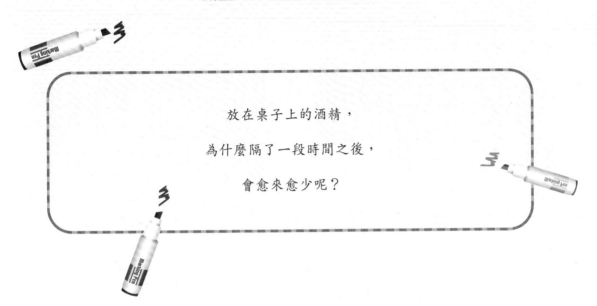

放在桌子上的酒精，

為什麼隔了一段時間之後，

會愈來愈少呢？

1. 桌上有兩個燒杯，各加入半杯酒精，
2. 其中一杯上面加蓋子，另一杯並沒有加蓋子。

26

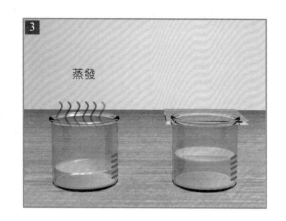

蒸發

3. 左邊燒杯裡的酒精，因為吸收了周圍環境的熱，所以蒸發為酒精蒸氣，跑到空氣裡。右邊的酒精也吸收了熱，變成了酒精蒸氣，但是因為燒杯加了蓋子，杯中的酒精蒸氣無法散去，部分酒精蒸氣又返回液面再度凝結，當蒸發的速率等於凝結的速率時，燒杯裡的酒精看起來就不增加也不減少。

4. 經過一段時間後，可以發現兩個燒杯中，酒精的量有明顯的差別。

液態的酒精在常溫時就會不斷蒸發，但如果酒精放置在密閉的容器中，

最後可能出現蒸發速率等於凝結速率的現象，

由外觀上看來，酒精的量就不增不減。

動動手・動動腦

先動手

1. 從冰箱冰凍室中取出一塊冰，放在淺盤中，觀察有何現象發生？如何才能使盤中的物質再變回冰？

2. 拿出測量體溫的溫度計，先用力把裡面的水銀柱甩到低溫的位置，然後把溫度計置於腋下，三分鐘後取出，觀察水銀柱的高度是否有變化。

3. 到超市買一包紅糖，觀察紅糖的顏色，取少許糖輕嚐味道。另取一個杯子，裝少量水，在水中溶入紅糖，觀察水的顏色變化。喝一口紅糖水，味道與紅糖相比有何異同？

4. 把鐵釘用醋浸濕，取出放在空氣中，一個星期後，觀察鐵釘外表有何變化。

5. 取胃散一匙，放在杯中，加入數滴的醋，會發生什麼現象？注意觀察產物。

6. 趁 5. 的反應仍在進行時，劃亮一根火柴，觀察火柴燃燒現象，並把燃燒中的火柴放入 5. 的胃散與醋反應的杯中，火柴會繼續燃燒嗎？比較燃燒前後，火柴棒有何變化？火柴的長度與重量有何改變？

本活動涉及燃燒，
應有成人陪同，
並注意安全。

1. 「先動手」裡的各項物質變化中，何者為物理變化？何者為化學變化？

2. 下述各項物質中，何者為純物質？何者為混合物？

　（a）水　　（b）水銀　　（c）紅糖　　（d）鐵　　（e）醋　　（f）火柴頭

3. 下述各項物質中，何者為固態？何者為液態？何者為氣態？

　（a）水　　（b）冰　　（c）水銀　　（d）紅糖　　（e）鐵　　（f）醋　　（g）二氧化碳

再動腦參考答案

1. 物理變化：冰熔化、水結冰、溫度計的水銀柱熱脹冷縮、紅糖溶於水

　　化學變化：鐵生鏽、胃散與醋反應產生二氧化碳、火柴燃燒

2. 純物質：a、b、d

　　混合物：c、e、f

3. 固態：b、d、e

　　液態：a、c、f

　　氣態：g

物質的分類與變化

第 2 章

噴水池

—— 水

幾乎每一個公園或廣場都會有噴水池。

光是坐著看水池裡噴出的水柱,變幻著各種形狀,

就足以讓人放鬆緊張的情緒,

隨著微風偶爾飄過來的水滴,更帶來一絲清涼。

水在我們的生活中真是太重要了,

水為我們洗滌汙濁,為我們調節氣溫,為我們負載舟船……

為什麼水有這麼多神奇的功能?

▲圖2-1

地球表面超過70%由水覆蓋，使地球成為一顆美麗的藍色行星。

由太空遠眺我們所住的地球，會發現它實在是一顆非常美麗、迷人的星球，而且是太陽系九大行星中最獨特的一顆。有人稱地球爲「藍色行星」，因爲地球表面有多達70%的面積是由湛藍的海洋所覆蓋，數十億年來，溫暖的海洋蘊育出無窮的生命力，動植物因海洋才能繁衍滋長，包括幾百萬年前才出現的人類。

既然水的存在這麼的重要，在甫踏入理化奧妙的研究領域之初，實在有必要先瞭解我們身旁最重要的物質──水。

2-1 水的密度

住家頂樓的蓄水槽裝滿水以後，裡面的水總質量爲幾公斤？你當然無法用秤來直接測量整個水槽的水，不過沒關係，只要明白「密度」的概念，這個問題就能輕易解決。

什麼是密度呢？如果我們用同樣大小的兩個桶子，一個裝滿水、一個裝滿細砂，會發現兩個桶子的質量會有很大的差異，這是因爲水和砂的「密度」不同。

密度＝物質單位體積的質量
　　　單位體積可以是毫升（mL，1 mL ＝ 1 cm^3）
　　　或公升（L，1L ＝ 1,000 mL）。

$$密度（D）＝ \frac{質量（M）}{體積（V）}$$

知道什麼是密度，就可以算出水的密度。想要知道長方體蓄

水槽中水的質量，可以先用尺測量出蓄水槽內部的長、寬、高，算出容積大小，水槽容積的大小就是水槽所能裝填水的體積，再把體積乘以水的密度，就知道水的質量了（動畫的定格解說，見第44頁的「看動畫・學理化」）。

密度是非常重要的物理性質，它不會隨物質的量而改變（質量與體積就會隨著量的多寡而變化）。例如有一杯水與一桶水，在杯中與在桶中的水，質量與體積可能不同，但密度一定相同。因為密度不變的特性，所以我們經常用密度來辨識物質的種類。例如，水在4℃時的密度為1公克／立方公分（g／cm³），這是水的重要性質之一，也是辨識某液體是否為水的重要依據。

▲光碟動畫〈噴水池〉
水的密度測量實驗

物質	密度 （g／cm³）	物質	密度 （g／cm³）	物質	密度 （g／cm³）
白金	21.4	鐵	7.8	海水	1.025
金	19.3	金剛石	3.5	水（4℃）	1.0
汞（0℃）	13.595	麥飯石	2.6	冰（0℃）	0.92
鉛	11.34	食鹽	2.16	酒精	0.789
銀	10.5	濃硫酸	1.84	汽油	0.68
銅	8.89	人體	1.07	軟木	0.32

◀表2-1

常見物質的密度

從表2-1中，你觀察到了什麼現象？有沒有注意到以下幾件事實呢？

⊖ 在表2-1中，密度最大的是白金，比重高達21.4，幾乎是鐵的3倍。

⊖ 人體的密度僅有 1.07 g／cm³，竟然只比水的密度多出一些

而已，所以學游泳應該不會太難吧！

◯ 汽油的密度比水小，所以你知道為什麼在路上看到的油漬
都會浮在水面上了吧。

◯ 海水的密度大於水，人體在海水中比較容易浮起來。

◯ 水的密度竟然大於冰，你現在就去冰箱裡拿一些冰塊，把
它丟在半杯水中，看看冰塊是浮著還是沈下？

▲圖2-2

從甲、乙、丙所喝的杯子，你可
以推論出誰偷了鑽石嗎？

Question 想一想

在某珠寶公司的開幕雞尾酒會上，有一袋未琢磨的鑽石被
偷了，當場所有賓客均立即遭警方搜身，但仍不能找出竊
賊把鑽石藏在何處，最後靠左圖這張當時拍到的照片找到
竊賊。請你幫忙來破案，告訴我們竊取鑽石的人是誰，以
及他是用何種方法躲過警方的搜身？

Answer 參考答案

珠寶大盜是甲，因為只有他杯中的冰塊沈入酒中。雖然冰與鑽石
一樣透明無色，但冰的密度是0.92 g／cm^3會浮在酒上，鑽石
（即金剛石）的密度是3.5 g／cm^3會沈入酒裡，所以甲是把偷來
的鑽石投入酒杯中，躲過警方的搜身。

　　物質的密度會受溫度的影響而改變。一般而言，物質的質量
不受溫度影響，但是體積會熱脹冷縮。所以溫度上升時體積膨脹，
密度相對就變小了。相反的，物質在溫度下降時體積縮小，密度會
變大。

　　不過水是例外，因為水的密度在4℃時最大，水溫只要從4℃

上升或下降，密度都會變小。也就是說4℃的水，體積在受熱時膨脹、冷卻時也膨脹（見第47頁的「看動畫‧學理化」）。所以水總是由表面開始結冰，密度最大的4℃的水會沈入最底層。這個性質非常重要，在嚴寒的冬天，雖然水的表面已結冰，但在湖泊的底層仍維持4℃左右，使水中的生物可安然渡過冬天。

▲光碟動畫〈噴水池〉
水的體積變化實驗

2-2　水溶液

在日常生活中，每個人都會經常接觸到水溶液，甚至親自配製水溶液，例如口氣不好時用的漱口水、夏天時最消暑的汽水、煮菜常要用到的米酒、預防SARS用的消毒水，統統是水溶液。我們現在要弄清楚水溶液的一切，包括什麼是水溶液？水溶液有哪些？濃度怎麼算？什麼是溶解度？

溶劑、溶質、溶液

首先，我們必須先知道，什麼是溶劑、溶質與溶液：

溶劑：用來溶解其他物質的液體，就是溶劑。
溶質：溶解在溶劑裡的物質，就叫溶質。
溶液：溶質溶解於溶劑後，形成的均勻混合液體，稱為溶液。

水是生活中最常見的溶劑，其他還有酒精或四氯化碳等也經常做為溶劑。例如華人很喜歡浸泡藥酒，就是利用酒精當溶劑，把藥材中有用的成分溶解出來；而四氯化碳因為容易溶解油汙，又不易引燃，所以曾用為乾洗衣服的溶劑，但因有毒，一定要在通風良

好的場地才能使用。

以水當溶劑的情況會那麼常見，是因為很多物質都能溶在水中。但是也有些物質並不能溶於水，例如油就不會溶入水中，菜湯裡如果有油，你會看到油浮在湯上，油與水之間有明顯的界面，這種不均勻的混合物不能稱為溶液。

如果溶液中只有一種液體存在，通常這種液體就是溶劑，其他固體或氣體就是溶質。但如果溶液是兩種以上的液體組成的，情況就比較複雜：這時候，如果溶液中有水，則通常水就是溶劑，否則通常都是把量多者視為溶劑，量少的當溶質。

一般來說，不同種類的溶液，都以溶劑的名稱來區別，例如，溶劑是水的溶液，稱為水溶液，若溶劑是酒精，就叫酒精溶液，依此類推。

溶 解

水是怎麼把其他物質溶解的？以砂糖溶於水的例子來說明，固態的砂糖是數萬億個蔗糖分子（分子是構成物質的小粒子，可參考本書第4章）聚集在一起，體積大到我們用肉眼就可以看到。當我們把砂糖投入水中時，有些水分子會碰撞到砂糖表面的蔗糖分子，而把這些蔗糖分子帶離砂糖表面，所以我們會發現水中的砂糖體積愈來愈小。溶入水中的蔗糖分子分散在水中各處，因為每一個蔗糖分子都太小了，以致我們的肉眼看不見，但事實上這些蔗糖分子並沒有消失，如果我們嚐一口糖水，就會發現水變甜了，因為蔗糖分子已散布在水中。

而食鹽溶於水中的情況也跟糖溶於水差不多，其中詳細的過程，可以參考第50頁的「看動畫‧學理化」。

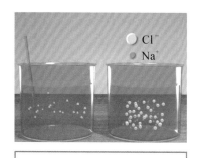

Cl⁻
Na⁺

▲光碟動畫〈噴水池〉
食鹽溶於水實驗

溶液的型態

溶液一定是液態的嗎？當然不是！常溫下的固態或氣態的物質也可能是溶液。鋼筆頭或項鍊、戒指常用的K金，就是把少量的銅、銀溶解在黃金中形成的固態溶液（金屬與金屬或金屬與非金屬的均勻混合物，俗稱合金），這個固態溶液中，量比較多的黃金是溶劑，量比較少的銅、銀是溶質。所以，當漂亮小姐戴著K金項鍊出門時，她脖子上掛著的可是溶液呢！另外，我們呼吸的空氣，是氮氣、氧氣與其他少量氣體組成的，所以我們每分每秒呼吸的都是氣態溶液（空氣的組成請見第3章〈熱氣球〉）。

而且不是只有液體或固體才能溶於水，氣體也可能溶在水中。例如我們常喝的可樂，裡面除了有果糖、焦糖、天然香料與磷酸等固體溶質，還溶解了大量的二氧化碳，其中有少量二氧化碳溶於水，生成碳酸，所以我們才會稱可樂為碳酸飲料。

▲圖2-3

鋼筆頭用的K金是固態溶液。

濃度、溶解度、飽和溶液

如果在兩個杯子裡裝等量的水，其中一杯加入較多的糖，另一杯只加入少量的糖，糖加得多的那杯糖水會比較甜，我們可以說這杯糖水濃度比較濃。濃度就是在一定量的溶劑（或溶液）中所含溶質的量。所以溶液中溶劑的量固定時，溶質愈多，溶液的濃度就愈高；反過來說，若溶質的量愈少，濃度就愈低。

如果我們投入水中的砂糖太多，水中的蔗糖分子愈溶愈多，終於太「擁擠」了，有些蔗糖分子會經由碰撞回到原來砂糖的表面，或自行聚集成為固態的砂糖而沈入杯底。所以在定量的水中一直加糖，你會發現加到了一定的量之後，糖就不會再溶於水中，也

就是說，溶液的濃度到某個程度就不再上升了。這個濃度就是溶液的最大濃度，也可以說是溶解度。溶解度可以定義為：「在定溫時，定量溶劑可以溶解溶質的最大量」，溶解度也可視為：「一定溫度時，溶質溶於定量某溶劑所能達到的最大濃度」。

當溶液中所含溶質已達最大濃度時，這個溶液稱為飽和溶液。若於飽和溶液中再加入溶質，溶質不會再溶解，溶液的濃度也不會再增加。如果溶液中，溶劑還可以繼續溶解溶質，這個溶液稱為未飽和溶液，因此未飽和溶液還可以進一步溶解溶質，增加溶液的濃度。當我們在未飽和溶液中持續加入溶質，且達到最大溶解度後，則會變成飽和溶液。但如果我們在飽和溶液中加入溶劑，而不是溶質，則飽和溶液將會變成未飽和溶液。

影響溶解度的因素

當你想泡茶時，會用熱水或用冷水來泡？泡過茶的人都知道，熱水才能把茶葉中的成分溶解出來，冷水泡不出茶的味道。那麼，影響溶解度的原因究竟為何？

其實影響固體在水中溶解度的因素，主要是「物質的本性」與「溫度」。物質的本性會有什麼影響呢？一般而言，當溶質與溶劑的性質相近，則溶解度就大，反之溶解度就小。像糖容易溶於水，而奶油不容易溶於水。

溫度的影響就更容易瞭解了，如果你泡了一杯熱咖啡，嚐了一口，覺得不夠甜，可以加一匙砂糖，稍微攪拌，嗯！糖溶了，咖啡變甜了！但是如果你覺得一杯冰咖啡不夠甜，那可不能如法泡製，直接加入砂糖，因為砂糖在低溫時不但溶得慢，而且溶解度也小。除了少數例外，對大多數固體溶質而言，通常溫度愈高，溶解

▲圖2-4
要用熱水才能泡出好茶，溫度會影響茶葉裡的成分溶解在水中的程度。

度愈大。表達溶解度時，記得要標示溶液的溫度，因為溫度也是影響溶解度的重要因素。

下面的表2-2，列出了水在20℃時對蔗糖、食鹽及其他化合物的溶解度。從表中可以看出，在100公克的水中，可以溶解204公克的蔗糖，很驚人吧！

化合物	溶解度（公克溶質／100公克水）20℃
蔗糖	204
食鹽	36
硝酸鉀	31.6
硫酸鉛	0.04
氫氧化鎂	0.001
氯化銀	0.00019

◀表2-2

在20℃時，水對各種化合物的溶解度。

Question 想想看

如果你在咖啡廳裡點一杯熱咖啡，除了奶精外，服務生通常會附上固體的砂糖。但如果你點的是冰咖啡，通常已經是甜的了，如果客人喜歡更甜的口味，店家通常會附上糖漿而不是砂糖，為什麼？

Answer 參考答案：

熱咖啡溫度高，可以使砂糖充分溶解；但冰咖啡溫度低，若直接加入砂糖，將不容易溶解，故通常附上糖漿調味。

氣體的溶解度

影響氣體在水中溶解度的因素，除了物質本性與溫度外，還包括了壓力。

⊖ 物質本性

有些氣體在水中溶解度很大，如氨、氯化氫等。有些氣體在水中溶解度很小，如氧、氫等。通常在水中會發生化學變化的氣體，在水中溶解度較大，例如氨溶於水中，會使水變成鹼性的氨水；而氯化氫溶於水則形成鹽酸。

表2-3▶
在20℃時，水對數種氣體的溶解度。

氣體	溶解度（公克溶質／100公克水）20℃
氨	53.1
氧	0.004339
氫	0.0001603

⊖ 溫度

溫度愈高，氣體對水的溶解度愈小。燒開水時，你可以觀察到，在尚未到達沸點之前，就有許多氣泡逸出，且隨著溫度升高，水中上升的氣泡愈來愈多。這是因為溫度的上升，使得原本溶在水中的氣體溶解度變小，因而紛紛逸出。

⊖ 壓力

壓力愈大時，氣體在水中的溶解度愈大。汽水、可樂等碳酸飲

料瓶內均溶有大量二氧化碳，一打開瓶蓋，部分二氧化碳逸出，產生「啵」的聲響，瓶內壓力驟然降低，原本溶於水中的二氧化碳不再溶解，形成大量氣泡脫離水溶液。

Question 想想看

1. 煮沸過的開水，即使冷卻至室溫，也不適宜立即用來養魚，為什麼？
2. 喝過碳酸飲料之後不久，往往會打嗝，為什麼？

Answer 參考答案

1. 在煮沸的過程中，原來溶於水中的氧因高溫而不再溶解，因此煮沸過的水中溶氧量極少，若把魚放入，魚將因缺氧而「溺斃」。
2. 喝下的碳酸飲料中仍溶有大量二氧化碳，因為胃中的溫度（即人體體溫）較原飲料為高，氣體溶解度降低，使得部分二氧化碳逸出，造成打嗝的現象。

2-3 水汙染

水是生活中不可或缺的物質，但由於人口密集與工業發達，造成環境嚴重汙染。其中水源汙染更需加以重視，否則將對人體的健康與生態產生很大的影響。

水中若有廚餘、排泄物或動植物屍體等廢棄物，會引起細菌繁殖，消耗水中的氧氣，造成水質汙濁，發出惡臭。有些清潔劑含有磷酸鹽，會造成湖泊中藻類過度繁殖，形成水質優養化的問

▲圖2-5
重視水源的環保問題，才能有乾淨的河流。

題。某些工業廢水中，可能含有汞、鉛、銅、鎘等有毒重金屬，造成農產品或水產帶有毒性等現象，對國民健康威脅極大。

要減少水汙染，必須從加強廢水處理著手，例如家庭廢水，應經由汙水下水道輸送至汙水處理廠，集中處理至合乎標準才放流。同樣的，各工業區也應設置汙水處理廠，集中工業區中各工廠的廢水加以處理後才放流。

在民眾方面，要減少廚餘，慎選符合環保的清潔劑及家庭用品。到河川或海灘進行休閒活動時，不將垃圾任意拋入水中。

看動畫・學理化

動畫2-1：水的密度測量實驗

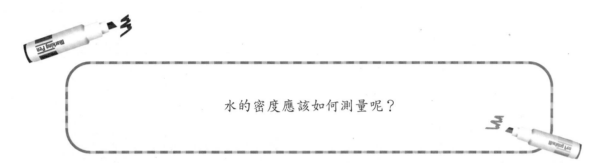

水的密度應該如何測量呢？

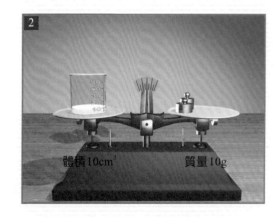

體積0 cm³   質量0 g   體積10cm³   質量10g

1. 在天平左盤放一個空燒杯，在天平右盤放砝碼使天平保持水平，此時燒杯中的水，質量為0公克。
2. 在燒杯中加水10立方公分，在天平右盤加砝碼使天平恢復水平，發現所加砝碼的質量為10公克。

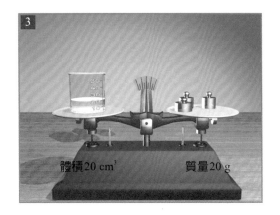

體積20 cm³　　　　　　質量20 g

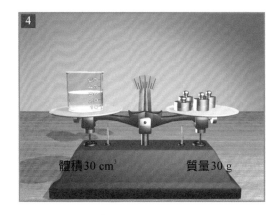

體積30 cm³　　　　　　質量30 g

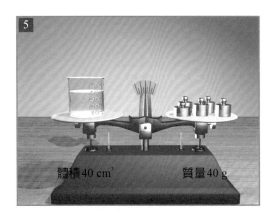

體積40 cm³　　　　　　質量40 g

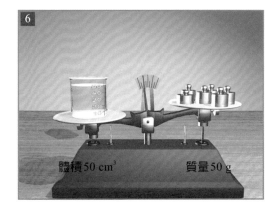

體積50 cm³　　　　　　質量50 g

3. 在燒杯中再加水10立方公分，燒杯內水的體積共20立方公分，在天平右盤加砝碼使天平恢復水平，發現需再添加10公克砝碼，也就是說水的質量共20公克。

4. 當燒杯內水的體積為30立方公分時，水的質量共30公克。

5. 當燒杯內水的體積為40立方公分時，水的質量共40公克。

6. 當燒杯內水的體積為50立方公分時，水的質量共50公克。

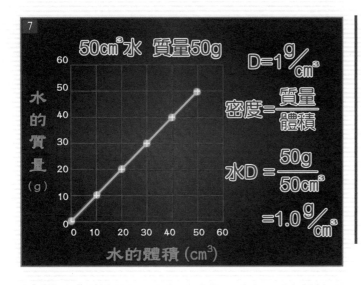

7. 如果以水的體積為橫座標，水的質量為縱座標，實驗數據將呈一條直線，顯示水的密度是一定值，不因為水量多寡而改變。在本實驗中，50立方公分的水，質量是50公克，把質量除以體積之後，水的密度等於1公克／公分^3。

密度是物質的特性，

與物質的質量大小無關。

動畫2-2：水的體積變化實驗

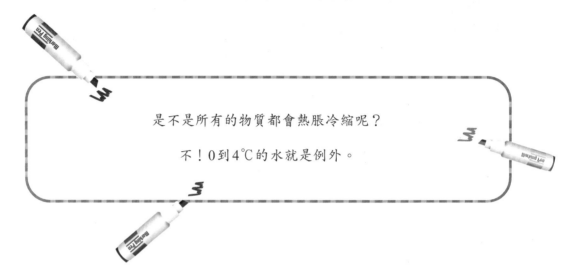

是不是所有的物質都會熱脹冷縮呢？

不！0到4℃的水就是例外。

1. 水是否像其他物質一樣，在溫度下降時，體積都會逐漸減小呢？我們把水、溫度計置入冰箱進行實驗。（為了使效果更明顯，本動畫以誇張的手法來表現體積變化，並沒有按照真實的比例。）

2. 當水溫為40℃時，體積約為20 mL。

3. 當水溫為11°C時，體積比40°C時略小。

4. 當水溫降至4°C時，水的體積最小，換句話說，此時密度最大。

5. 若水溫繼續下降，水的體積會再度增大。

6. 直到0°C結冰為止。

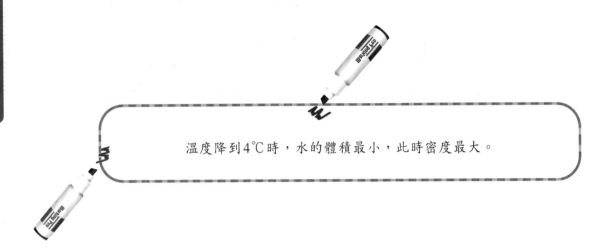

溫度降到4℃時，水的體積最小，此時密度最大。

動畫2-3：食鹽溶於水實驗

以下這個動畫是食鹽溶於水的過程，左杯是我們肉眼看到的現象，

右杯則把食鹽中的鈉離子與氯離子顯現出來，

請仔細觀察溶解過程中有什麼變化。

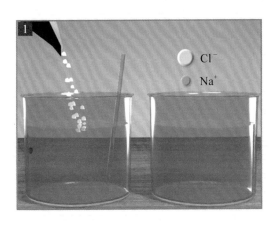

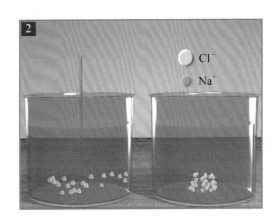

1. 把食鹽倒入水中。
2. 開始攪拌。

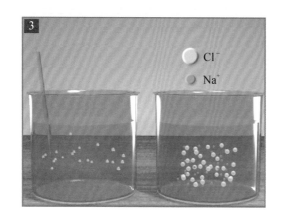

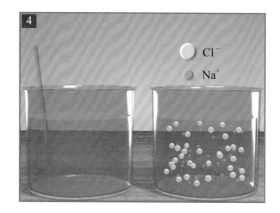

3. 食鹽逐漸溶解。從右杯可以看出，水分子可以把鈉離子及氯離子拆散，一個一個拉入水中。

4. 當水中都看不見食鹽時，其實是因為鈉離子與氯離子已均勻分布在水中，變成氯化鈉水溶液，由於每一個離子都很小，才會看不見。

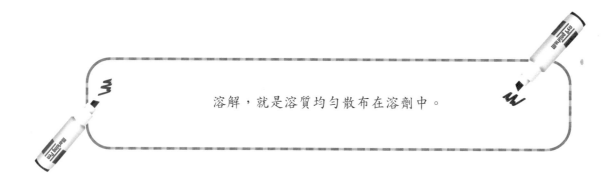

溶解，就是溶質均勻散布在溶劑中。

動動手・動動腦

先動手

1. 找有刻度的量杯與玻璃杯（玻璃杯的容量至少要有200 mL以上，量杯容量要略大於玻璃杯），先把玻璃杯裝滿水，再把水倒入量杯中，記下容積$V_1 = $_____mL。把量杯中的水倒回玻璃杯至約半滿，讀取量杯內剩餘水的體積$V_2 = $_____mL。把玻璃杯置於電冰箱的冷凍室內，量杯以保鮮膜封口放入冷藏室。待玻璃杯內的水完全結冰，把兩杯水自冰箱取出，迅速揭開保鮮膜，把量杯內的水倒入玻璃杯至全滿（此步驟需在玻璃杯中的冰尚未開始熔化前完成），量杯中是否仍留有水？如果有，讀取剩餘水的容積$V_3 = $_____mL。

2. 另取一個空杯，倒入約半杯冷水後，放入冰箱冷凍室中，約半小時後取出來觀察，這時候可能只有部分的水結冰，觀察水是從何處開始結冰呢？如果單用眼睛看，不易分辨冰與水，可以用叉子刺入冰的表面再加以觀察。

再動腦

1. 在上述「先動手」活動 1. 中，假設水的密度為1 g／cm³，在玻璃杯中的

冰質量大約幾公克？冰的體積為多少 mL？冰的密度是多少g／cm³？如果等部分冰熔化之後，才把水倒入玻璃杯中，會看到何種現象？

2. 試解釋上述「先動手」活動 2. 中所觀察到的現象。

再動腦參考答案

1. 玻璃杯中的冰質量大約（$V_1 - V_2$）g，冰的體積為（$V_1 - V_2 + V_3$）mL，冰的密度是（$V_1 - V_2$）／（$V_1 - V_2 + V_3$）g/cm³。如果等部分冰熔化之後，才把水倒入玻璃杯中，會發現冰浮在水上，就不容易測出冰的體積了。

2. 水在結冰時，接近4℃的水密度大，會沈入杯底，接近0℃的水密度小，會浮在上層，所以水結冰的現象是由上層開始的。

第 3 章

熱氣球

── 空氣

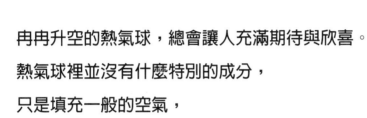

冉冉升空的熱氣球，總會讓人充滿期待與欣喜。

熱氣球裡並沒有什麼特別的成分，

只是填充一般的空氣，

熱氣球內的空氣因為受熱膨脹而密度變小，

得以飄上天空。

所謂「一般的空氣」裡，

又有些什麼成分呢？

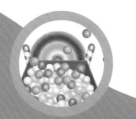

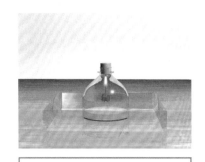

▲光碟動畫〈熱氣球〉

空氣的成分實驗

　　所有的生物都需要呼吸空氣才能生存；就連非生物的汽車，也需要空氣與汽油在引擎室中混合，瞬間燃燒爆炸、產生推進力，來得到動力。

　　空氣是由數種氣體組成的混合物，空氣的成分實驗可以證明這點（動畫的定格解說，請見第69頁的「看動畫・學理化」）。氣體像液體一樣都能夠流動，但氣體比液體更自由。液體受局限於容器，在定溫下有固定的體積。但是氣體的體積卻不固定，它可以任意壓縮或自由膨脹，也可以經由擴散占滿所處的空間。

　　空氣與其他物質一樣，有一定的質量，並且也受地心引力的吸引，否則地球上的空氣早已經飄散到外太空去了。而且幸好氣體分子不斷在運動，所以不會沈積在地球表面上。正因為如此，數十億年來，一直有厚厚的空氣層在保護地球。

　　經過實際的測量發現，約有50%的空氣集中在離地表5.6公里的高度中，高度愈高空氣就愈稀薄。一旦搭乘飛機爬升到離地表18公里處，飛機外面的空氣已剩不到地表的十分之一了，若繼續飛行到超過地面30公里的高度，則幾乎沒有空氣存在。

3-1　空氣的組成

　　到底什麼是空氣？它由哪些氣體混合而成？接下來，讓我們來看看空氣的組成與比例。如表3-1所示，空氣是由多種氣體所組成，其中含量最多的是氮氣，以質量而言約占了所有空氣的3／4，其次是氧（約占空氣的1／4）、氬、二氧化碳等氣體，以及其他質量不及萬分之一的氣體。

成　分	體積百分比	質量百分比
氮（N_2）	78.084%	75.50%
氧（O_2）	20.946%	23.14%
氬（Ar）	0.934%	1.30%
二氧化碳（CO_2）	0.033%	0.05%
其他（如氦、氖、水蒸氣……）	0.003%	0.01%

　　既然我們都生活在由以上氣體所組成的大氣中，自然要瞭解各種主要氣體的特性。

▲表3-1
空氣的組成。空氣中最主要的成分為氮氣與氧氣。

⊖ 氮：氮氣是無色、無味、無臭的氣體，在室溫下幾乎不發生任何反應，也不具燃燒性。食品的真空包裝中的氣體多半是氮，利用氮不易反應的特性，來保持食物的新鮮。氮也是肥料中不可或缺的成分，可以使植物的枝葉茂盛。

⊖ 氬：氬氣也是無色、無臭的氣體，不可燃，性質穩定、不容易發生反應。燈泡中常常填充氬氣，可以有效的防止鎢絲汽化，並增加燈泡的亮度。

⊖ 其他稀有氣體：稀有氣體是指含量稀少的氣體，又因為它們極不易與其他物質發生反應，所以又稱為「惰性氣體」，氦、氖、氬、氪、氙、氡，都屬於此類，但氡不存於空氣中。以用途而言，氦氣因密度小，又安全，常代替氫氣來填充氣球；氖氣可使燈管發出紅光，是霓虹燈的主要原料；氪氣可裝入燈泡，效果比氬氣還好。

亮不亮，有關係！

燈泡中的鎢絲在空氣中很快就會燒燬，但又不能把燈泡內部抽成真空，否則在高溫下，鎢絲一下就變成氣體了。所以燈泡裡一定要含有氣體，但這個氣體又不能與鎢絲反應，符合條件且最便宜的就是氮氣。燈泡內填充氮之後，壽命固然延長了，燈光卻變得昏黃。這是因為氮的分子比較小，運動速率快，所以常碰撞鎢絲，把鎢絲的熱量帶走，鎢絲的溫度變低，亮度就不夠了。

因此，人們改用分子較大的氬來取代氮，果然讓燈泡變亮了，當然價格也變高了。聰明的你，可能會想，為什麼不用分子更大的氪呢？你說對了，現在市面上已有填充氪氣的燈泡，但因氪的價格昂貴，所以燈泡體積很小，不過這種小小的燈泡，亮度遠超過一般的大燈泡。

▲圖3-1

水中生物能呼吸，就是靠溶在水中的氧氣。

3-2 氧氣

空氣中，對人類生存最重要的氣體是氧氣。

氧氣在常溫及常壓下是無色、無味、無臭的氣體，密度約為空氣的1.105倍。每100公升的水，大約可以溶解3.4公升的氧，溶解度大約是氮的2倍。生活在水裡的生物，就是靠這些溶解在水中的氧氣進行呼吸作用。

至於氧氣其他的物理性質，可以參見表3-2的說明：

分子式	O_2	沸　點	$-182.5°C$
分子量	32.0000	溶解度（一大氣壓，20°C）	0.034 mL（在1 mL的水中）
熔　點	$-218.4°C$	密　度	1.43 g／L

▲表3-2

氧的各種物理性質。

鐵的氧化

　　日常生活當中，我們常見到鐵器生鏽，這個生鏽的過程，其實就是鐵與氧氣產生反應的結果，正式的名稱為「氧化作用」。鐵生鏽是一種很緩慢的氧化作用，常常要好幾天，甚至好幾星期才會有明顯變化，但燃燒卻是短時間快速反應的氧化作用。

　　鐵的氧化反應必須有水及氧氣同時存在才會發生，化學反應可表示成：

$$鐵＋氧＋水 \rightarrow 鐵鏽（黃褐色）$$

Question 想一想

　1.若把鐵沾水後，放入真空容器中，鐵會不會生鏽？
　2.若把鐵放於含純氧的乾燥容器中，鐵會不會生鏽？

Answer 參考答案：

　1.不會，因為無氧。
　2.不會，因為無水。

▲ 光碟動畫〈熱氣球〉
氧氣的製造與收集實驗

如何製造氧氣

氧氣對生物的生存是如此的重要，我們可不可以用人工的方法製造出氧氣？

工業上要製造大量氧氣時，通常以低溫高壓的方式，把空氣壓縮成淡藍色的液體，然後讓這液體緩緩蒸發。空氣中的氮的沸點比氧的低，會比氧先蒸發，因此留在液體中的大部分就是氧了。

在實驗室中，我們也常動手「做氧氣」，只要在常溫下以二氧化錳（MnO_2）當作催化劑，就可以把雙氧水（含 H_2O_2）分解成氧與水（見第72頁的「看動畫‧學理化」）。反應的化學式如下：

$$雙氧水 \xrightarrow{\quad 二氧化錳 \quad} 氧＋水$$

雙氧水是過氧化氫的水溶液，性質極不安定，很容易分解而產生氧氣。在這個反應中，二氧化錳擔任催化劑的角色。

如果你在家中想做實驗來製造氧氣，可以取一顆補血用的鐵劑，用剪刀剪開後，投入雙氧水中，就會冒出大量氧氣。

氧氣製造出來之後，要如何收集呢？由於氧氣僅微溶於水，所以我們可以用「排水集氣法」來收集（這個方法適用於難溶於水的氣體）。至於如何檢驗瓶中是否為氧，我們可以利用「留有餘燼的火柴可在純氧中復燃」的特性加以檢驗，把還未完全熄滅的火柴丟入瓶中，看看它是否復燃，即可得知瓶內的氣體是否為氧氣。

知識補充

催化劑

催化劑是可以增加化學反應發生速率的物質，本身參與化學反應之後，又恢復原狀，所以質量在反應前後並不改變。

可以催化雙氧水分解反應的物質非常多，如碘化鉀、酵素、鐵（II）離子等，二氧化錳只是其中的一種。

收集氣體的方法

一般而言，收集氣體的方法可分為三種：

1. 排水集氣法：把容器裝滿水，倒放在水中，再把氣體導入容器中而收集，這個方法適合收集難溶於水的氣體，如氫、氧、氮等。

2. 向上排氣法：把氣體導入開口向上的容器而收集，適用於易溶於水且密度比空氣大的氣體，如氯、氯化氫等。

3. 向下排氣法：把氣體導入開口向下的容器而收集，適用於易溶於水且密度比空氣小的氣體，如氨等。

氧化物的性質

物質與氧起劇烈的反應，並同時發生光和熱的現象，稱為燃燒。燃燒後的產物因為含有氧，所以是氧化物。

金屬的燃燒

以鎂為例，鎂在純氧中燃燒，會發生強烈的白光。早期人們利用鎂的這種性質做為攝影時的照明：先在盤中放一些鎂粉，攝影師拍照前的一瞬間，由助手點燃盤中鎂粉，發出強烈白光，並發出巨響、冒出白煙。因此，現在仍有人把攝影照明用的燈光稱為鎂光燈。

鎂燃燒後生成的產物——氧化鎂，屬於金屬氧化物。氧化鎂微溶於水中，會形成鹼性的氫氧化鎂。一般而言，金屬氧化物溶於水可產生鹼性水溶液。

$$鎂＋氧 \rightarrow 氧化鎂$$
$$氧化鎂＋水 \rightarrow 氫氧化鎂$$

非金屬的燃燒

木炭在純氧中燃燒，生成二氧化碳；硫在純氧中燃燒，產生二氧化硫。

蠟燭是碳氫化合物，在純氧中燃燒會產生二氧化碳及水。其他多數含碳、氫及氧的化合物（如酒精）燃燒時，也會產生二氧化碳及水。

$$碳＋氧 \rightarrow 二氧化碳$$
$$硫＋氧 \rightarrow 二氧化硫$$
$$蠟燭＋氧 \rightarrow 二氧化碳＋水$$
$$酒精＋氧 \rightarrow 二氧化碳＋水$$

二氧化碳、二氧化硫及水均為非金屬氧化物。大多數非金屬氧化物溶於水，可形成酸性物質。若要判別溶液的酸鹼性，我們最常使用的是石蕊試紙，石蕊試紙在酸性溶液中呈紅色，在鹼性溶液中則呈藍色，若遇中性溶液時則不變色。二氧化碳與二氧化硫溶於水的個別反應如下：

$$二氧化碳＋水 \rightarrow 碳酸$$
$$二氧化硫＋水 \rightarrow 亞硫酸$$

3-3 二氧化碳

二氧化碳為無色、無臭的氣體，密度比空氣大，略溶於水。雖然它不具毒性，但若空氣中含有超過0.5%以上的二氧化碳，人體吸入的氧會感到不足。由於二氧化碳具有不可燃也不助燃的特性，所以大多數的滅火器都是產生二氧化碳來滅火，大量二氧化碳會包圍燃燒中的物體，使其沒有足夠的氧可以助燃，而使火勢熄滅。

二氧化碳與日常生活的關係很密切。在第2章〈噴水池〉探討水溶液的時候，我們曾說過汽水中冒泡的氣體就是二氧化碳，它經由加壓的過程溶解於水中，讓糖水形成碳酸飲料，當瓶蓋打開時壓力驟減，二氧化碳會變成氣泡跑出來。

二氧化碳的製造

雖然二氧化碳是人體呼吸時所排放出的氣體，但它並不是沒有用的廢氣。相反的，二氧化碳用途很廣，例如前面提到的消防滅火用品、清涼飲料，還有低溫冷凍設備等產業，都大量利用二氧化碳。所以瞭解二氧化碳的製造方法是有必要的。

工業上，二氧化碳往往是其他工業製程（如煉油廠）的副產品。在實驗室中，我們可以利用大理石（成分為碳酸鈣）與鹽酸反應而獲得二氧化碳。二氧化碳雖略溶於水，但溶解的速率很慢，所以還是可以用排水集氣法加以收集（見第75頁的「看動畫・學理化」）。整個反應的化學式如下：

$$碳酸鈣＋鹽酸 \rightarrow 氯化鈣＋水＋二氧化碳$$

▲ 光碟動畫〈熱氣球〉
二氧化碳的製造與收集實驗

64

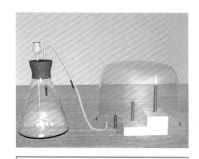

▲光碟動畫〈熱氣球〉

二氧化碳的不可助燃實驗

以這個方法製造出來的二氧化碳，再利用幾根蠟燭，可以證明二氧化碳比空氣重而且具有不助燃的特性（見第78頁的「看動畫‧學理化」）。

知識補充

乾冰是二氧化碳

舞台上常用的乾冰是固態的二氧化碳，乾冰會直接由固體變成氣體，這種現象稱為昇華，由於乾冰昇華時會吸收大量的熱，所以乾冰四周的溫度很低。把乾冰投入水中，乾冰昇華時造成的低溫環境，會把水面上豐沛的水蒸氣，凝結成大量的白色煙霧，是舞台上製造煙霧常用的手法。

由於乾冰具降溫的效果，所以我們到店裡外帶冰淇淋等生鮮食物時，店家多半會在包裝裡放入乾冰，來保持食物的低溫狀態，我們才不會在回到家時，喝到融化的冰淇淋。

乾冰也可以用來造雨。在久旱不雨時，若發現天空出現雲層，可以派飛機飛到雲層上端，投下碘化銀與乾冰。由於碘化銀的晶體形狀與冰相似，所以會吸附雲裡的冰晶，乾冰則可以降低溫度，使更多的水氣凝結，因而引發降水。

二氧化碳的檢驗

檢驗二氧化碳最簡單的方法就是使用「石灰水」。

石灰水的化學成分是氫氧化鈣水溶液，澄清的石灰水與二氧

化碳作用後，會產生白色沉澱物，使溶液變得混濁。我們可以利用這個現象，來檢驗收集到的氣體是否為二氧化碳（見第81頁的「看動畫・學理化」）。整個反應式如下：

$$氫氧化鈣＋二氧化碳 \rightarrow 碳酸鈣＋水$$

▲光碟動畫〈熱氣球〉
二氧化碳的判別實驗

3-4 空氣汙染

工廠的黑煙、廢水，或是汽機車排放的廢氣，甚至是你我製造出來的家庭廢棄物，都直接或間接汙染了大自然。

當空氣中含有足以直接或間接妨害人體健康、或造成大氣變異的物質，其數量與持續的時間如果使動植物成長受到傷害，或不合理的干擾生物生活的話，即為空氣汙染。你知道目前地球上的空氣汙染究竟有多嚴重？這些汙染造成了什麼影響？

溫室效應

太陽光照射到地表，經地表吸收一部分能量後，以熱的方式反射回太空，但大氣中二氧化碳的含量因工業化而增多，像二氧化碳這類「溫室效應氣體」會吸收地面反射的熱，造成散熱不良、地表溫度升高，形成全球暖化的現象。

由於溫度升高，使得極地冰帽溶解、海平面上升，各地的天候也出現異常的現象（例如不正常的豪雨、洪水或乾旱）。

溫室效應氣體除了二氧化碳，還包含一氧化二氮（笑氣）、甲烷、臭氧、氟氯碳化合物等數種氣體。

大自然的警訊

1997年的冬天，台灣出現「暖冬」的現象。中央氣象局亦在該年底發布天候異常的警訊，並指出當年11及12月份的平均氣溫，為近百年來同期平均氣溫的第三、第四高溫。

以台北為例，1997年11月的平均氣溫為22.2℃，比歷年的平均溫度高出1.5℃，而12月的平均氣溫則為18.4℃，也比歷年高出1.2℃。台灣氣候的這種異常變化，是大自然對人類發出的警告。

臭氧層的破壞

　　早期的冷媒多採用氟氯碳化合物，這類化合物因含有氯，擴散至高空後，會破壞大氣的臭氧層。臭氧層本來有隔絕紫外線的功能，一旦臭氧層出現破洞，照射到地表的紫外線就會增加，使人類皮膚癌發生率上升。因此現在的冷媒多已改採不含氯的氟烷類。

酸 雨

　　汽機車及工業排放的廢氣中，大多為硫、氮、碳等非金屬氧化物（見第83頁的「看動畫·學理化」）。這些廢氣在空氣中遇到水氣，形成酸性物質，隨雨水落回地面，即為酸雨。酸雨會腐蝕大理石古蹟及建築物，使湖泊酸化，魚蝦絕跡。

　　瞭解了各種空氣汙染的起源與影響，無論是臭氧層的破洞、溫室效應，或者是酸雨，它們形成的原因都是日積月累的汙染造成的，要解決這些難題並非一朝一夕就能完成。現階段人類所應做的，除了防止傷害進一步擴大之外，也當全面更新思維，別再以經

▲光碟動畫〈熱氣球〉
空氣汙染

濟的發展為單一標準與唯一考量，而要思考如何與大自然和諧共處、永續經營我們所處的這個美麗地球，還給後代子孫美麗清純的生活環境與空間。

知識補充

京都議定書

1997年12月1日，為了防止地球溫室效應持續惡化，世界各國的代表齊聚日本京都展開為期10天的討論，主要目的就是在限制各國的廢氣排放量。

經過漫長的討論與激辯，38個先進國家終於同意在2008年至2012年之前，把二氧化碳、甲烷（CH_4）等6種廢氣的排放量，較1990年的水準平均削減5.2%（開發中國家減幅未訂）。這是國際社會首次就「廢氣削減」達成具法律約束力的協議，為防止地球溫暖化跨出一大步，這就是有名的「京都議定書」。

根據京都議定書，歐盟削減廢氣排放的幅度為8%、美國為7%，而日本與加拿大則為6%。不過京都議定書立意雖好，但實際推行時，卻困難重重，顯示廢氣削減的路途仍十分遙遠。

看動畫・學理化

動畫3-1：空氣的成分實驗

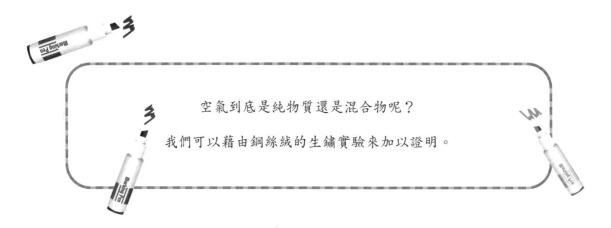

空氣到底是純物質還是混合物呢？

我們可以藉由鋼絲絨的生鏽實驗來加以證明。

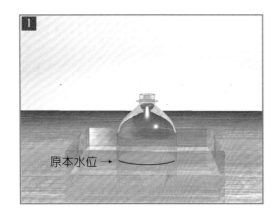

原本水位→

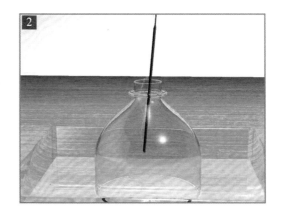

1. 把底下有開口的玻璃瓶放入水盆中，在玻璃瓶上用筆標出原來水面位置。

2. 把線香放進玻璃瓶中，線香可以持續燃燒，表示空氣中有可助燃的成分。

 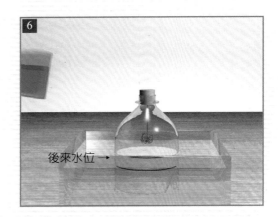

後來水位 →

3. 我們拿一團鋼絲絨,在沾溼以後……

4. 放進密封的玻璃瓶中。經過3到4天,鋼絲絨逐漸氧化生鏽,而玻璃瓶內的水位也因消耗掉氧氣而逐漸上升。

5. 當水位不再上升,表示能使鋼絲絨生鏽的成分用完了,但瓶內仍有其他氣體成分存在。

6. 在水盆中加水,使玻璃瓶內外水面一樣高。跟原來水位比較,發現水面上升了,可見空氣中有些成分與鋼絲絨反應而用掉了。

7. 隨後我們再拿出生鏽的鋼絲絨，並且快速把正在燃燒的線香插入玻璃瓶中……

8. 這時線香會馬上熄滅，表示瓶內已經沒有可助的氣體了。

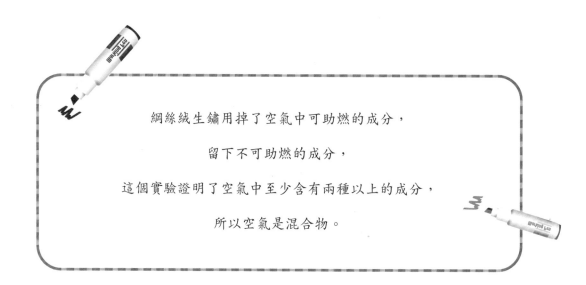

鋼絲絨生鏽用掉了空氣中可助燃的成分，

留下不可助燃的成分，

這個實驗證明了空氣中至少含有兩種以上的成分，

所以空氣是混合物。

動畫3-2：氧氣的製造與收集實驗

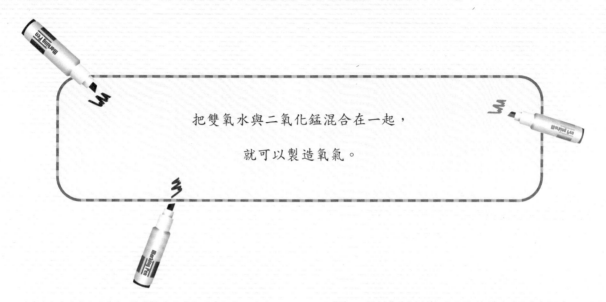

把雙氧水與二氧化錳混合在一起，

就可以製造氧氣。

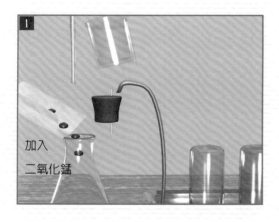

加入

二氧化錳

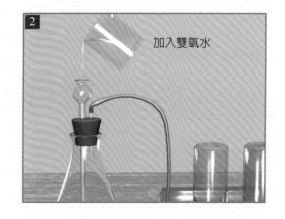

加入雙氧水

1. 在錐形瓶中加入二氧化錳做為催化劑。
2. 由蒟頭漏斗加入雙氧水。

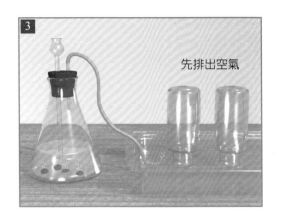

先排出空氣

排出氧氣

3. 一開始冒出的氣泡不要收集，因為那是由錐形瓶排出的空氣。

4. 後來排出的氣體是氧氣，可以開始收集。

5. 由於氧氣難溶於水，可採用排水集氣法加以收集。

本實驗中雙氧水是反應物，會分解成氧氣與水。

二氧化錳只是扮演催化劑的角色，可使反應變快，

但在反應前後，二氧化錳的量不增也不減。

動畫3-3：二氧化碳的製造與收集實驗

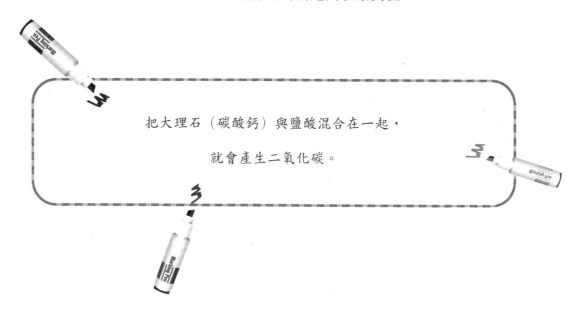

把大理石（碳酸鈣）與鹽酸混合在一起，

就會產生二氧化碳。

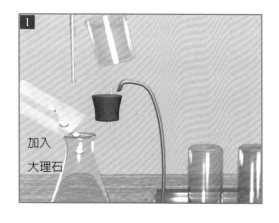

加入
大理石

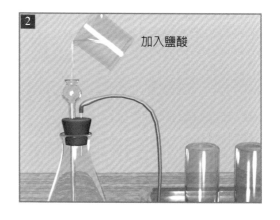

加入鹽酸

1. 在錐形瓶中加入大理石。

2. 由薊頭漏斗加入稀鹽酸。

先排出空氣

排出二氧化碳

3. 一開始冒出的氣泡不要收集,因為那是由錐形瓶排出的空氣。

4. 後來排出的氣體是二氧化碳,可以開始收集。

5. 二氧化碳雖然略溶於水,但溶解速率不大,仍可採用排水集氣法收集。

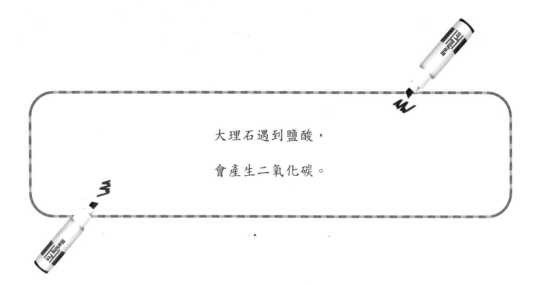

大理石遇到鹽酸，

會產生二氧化碳。

動畫3-4：二氧化碳的不可助燃實驗

二氧化碳能不能助燃呢？

我們可以利用蠟燭來實驗。

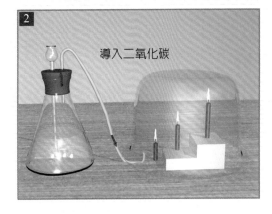

導入二氧化碳

1. 把三支蠟燭由下到上排列成階梯狀。
2. 用大玻璃容器把蠟燭罩住，導入上一個實驗所產生的二氧化碳。

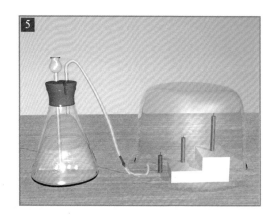

3. 二氧化碳導入後，最低的蠟燭最先熄滅。

4. 中間的蠟燭接著熄滅。

5. 最高的蠟燭最後才熄滅。

二氧化碳比空氣重,

會先沈積在容器的下方,

所以會使高度最低的蠟燭最先熄滅。

動畫3-5：二氧化碳的判別實驗

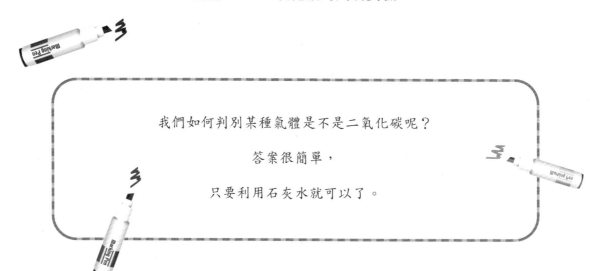

我們如何判別某種氣體是不是二氧化碳呢？

答案很簡單，

只要利用石灰水就可以了。

石灰水

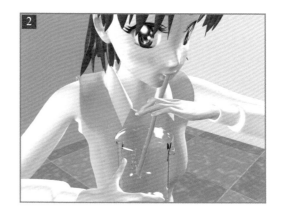

1. 把吸管插入石灰水中。石灰水的化學成分是氫氧化鈣水溶液，原本是澄清透明的。
2. 對石灰水吹氣。石灰水與呼出的二氧化碳作用後，會產生白色的碳酸鈣沉澱物，仔細觀察溶液的變化。

3. 溶液開始變混濁。
4. 繼續吹氣,溶液會愈來愈混濁。

用吸管對石灰水吹氣時,澄清的石灰水會逐漸變混濁,

我們可以利用這個現象,來檢驗該氣體是不是二氧化碳。

動畫3-6：空氣汙染

工業化固然帶來了生活上的便利，

但大量燃燒石化燃料，

也造成了空氣汙染。

1. 行駛在陸地上的汽車會排放廢氣，造成空氣汙染。

2. 航行於海上的輪船排放出的黑煙，也是空氣的汙染源之一。

交通工具排放的煙霧，含有微小顆粒，

會造成烏煙瘴氣的現象。

這些顆粒吸附了許多汙染物，如碳、氮和硫的氧化物，

可能對環境造成汙染，對人體健康也有不良影響。

動動手・動動腦

與家人討論後填寫下列表格：

家中如有汽機車，每公升汽油大約可跑幾公里？	A =（　）
家中如有汽機車，通常是多少人搭乘？	B =（　）
家中上個月用電幾度？	C =（　）
今天你和家人共回收了幾個金屬（鋁、鐵）罐？	D =（　）
今天你和家人共回收了幾個玻璃罐？	E =（　）
昨天看完的報紙回收了嗎？	F =（　）

再動腦

1. 已知（a）燃燒每公升汽油會排放2,400公克的二氧化碳；（b）公車在搭載20名乘客時，每公升汽油可跑3.40公里。試計算：

（1）家中的汽機車每載一人跑1公里會釋放多少公克的二氧化碳？

（2）公車每載一人跑1公里會釋放多少公克的二氧化碳？

（3）為了避免溫室效應，我們要盡量削減二氧化碳的排放量，以此觀點

而言，搭乘私人汽機車與搭乘公車，何者可減少二氧化碳的排放量？

2. 已知每用去一度電，相當於排放127公克的二氧化碳，試計算家中上個月所耗的電，相當於排放多少公克的二氧化碳？如果全家人可以節約能源，省下十分之一的用電量，可減少排放多少公克的二氧化碳？

3. 已知每回收一個金屬罐可減少排放181公克的二氧化碳，每回收一個玻璃罐可減少排放136公克的二氧化碳，今天你們全家人回收的金屬罐與玻璃罐，相當於減少排放多少公克的二氧化碳？

4. 已知每回收一份報紙可減少排放62.1公克的二氧化碳，如果每天看完的報紙都能回收，一年下來，可減少排放多少公斤的二氧化碳？

再動腦參考答案

1.（1）2400／（A × B）

（2）2400／（3.4 × 20）＝35.3

（3）如果（1）＞（2），則應選擇搭公車

2. C × 127，12.7 × C

3. D × 181 ＋ E × 136

4. 62.1 × 365 ＝ 22,666.5公克，約23公斤

第 **4** 章

紀念品店

—— 元素與週期表

走進遊樂場的紀念品店，商品琳瑯滿目，老闆是怎麼陳列的？

他不會把所有的商品丟在一堆，讓顧客自己挑選吧！

通常老闆會把同一類的商品放在一起，對不對？

T恤放在這個架上，明信片在那個架上，

這樣顧客才能很快找到自己要的商品啊！

當科學家發現的元素種類愈來愈多時，

科學家是怎麼分類、標示這麼多的元素呢？

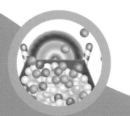

金子是黃色的固體，氧是無色的氣體，水銀是銀白色的液體，為什麼它們的性質這麼不相同？

我們到賣水果的商店去，會看到老闆把橘子、芒果、葡萄分別放在不同的貨架上，這就是分類。分類便於人們瞭解與管理不同的事物，然而世界上有那麼多種元素，要如何分類呢？

4-1 元素

元素是純物質，無法利用光、熱、電等實驗室常用的方法，分解出其他物質。水（H_2O）可以電解成氫與氧，所以水不是元素；但是氫與氧並不能再分解出其他物質，所以氫與氧是元素。

由兩種或兩種以上的元素所構成的純物質，稱為化合物，所以水是化合物。水有一定的性質與組成，屬於純物質，但水又可分解出氫與氧，所以水是化合物。化合物的性質與組成元素的性質完全不同，例如水的性質就與氫、氧的性質完全不一樣。氫可燃，氧助燃，而水卻可以用來滅火。

▲圖4-1

由氫元素與氧元素組成的水是化合物。

元素的種類

當科學家發現的元素愈來愈多之後，就需要開始替元素分類。有光澤、易導熱、加熱後可打造成任意形狀的，稱為金屬；沒有光澤、不易導熱，敲打後容易斷裂的，則稱為非金屬。

金屬元素通常有光澤，大多數為銀白色固體，易導電、導熱。金屬通常也有良好的延性（易拉長為細絲）、展性（易壓扁為薄片）。金屬燃燒後，生成金屬氧化物，大多數金屬氧化物可溶於水中，水溶液呈鹼性，例如鎂、鐵等是金屬元素。

非金屬元素顏色差異大，形狀可能為固態、液態或氣態，不易導電、導熱，延性及展性不佳。非金屬燃燒後，生成非金屬氧化物，大多數非金屬氧化物可溶於水中，水溶液呈酸性。氫、氧、氮、氖、硫等皆屬於非金屬元素。

元素的命名

現在已知的元素共有一百一十幾種，非金屬元素只有22種，其餘都為金屬元素。在中文命名方面，常溫時呈固態的金屬元素從「金」字旁，例如銅、鐵、銀、鈉等；固態非金屬元素從「石」字旁，例如碘、碳、硫等。常溫時，唯一的液態金屬是汞，唯一的液態非金屬為溴，這兩者因為都是液體，在命名上均從「水」字旁。常溫時以氣態存在的非金屬元素，命名從「气」，如氫、氧等。

目前元素符號用的是元素英文名稱的第一個字母，是瑞典化學家貝采利烏斯（Jons Jaköb Berzelius, 1779-1848）所建議的。有些元素仍沿用拉丁、希臘或德文名稱。另外有些元素，英文名稱的第一個字母相同，就必須在第一個字母後面，再加一個字母來識別。

知識補充

氧與氫的元素符號怎麼來的？

1775年時，拉瓦節（Antoine L. Lavoisier, 1743-1794）發現，硫、磷、碳等元素與氧反應時形成的化合物是酸性的，所以他就把氧命名為「形成酸的元素」，希臘文為oxygen，所以我們取第一個字母O做為氧的元素符號。拉瓦節把水通過燒紅的熱鐵管，使管內形成一層氧化鐵，同時造成一種氣體（氫）的逸失，他把這種氣體命名為「形成水的元素」，希臘文為hydrogen，所以我們取第一個字母H做為氫的元素符號。

4-2 常見的元素

對元素有了基礎的認識之後，接下來介紹我們日常生活中常見的元素：碳（C）、矽（Si）、鐵（Fe）、鋁（Al）、銅（Cu）、銀（Ag）、金（Au）、汞（Hg）、鎢（W）等，讓大家熟悉它們的特性與功用。

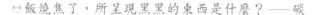

▲圖4-2

耀眼璀璨的鑽石，是由碳元素構成的純物質。

☐ 飯燒焦了，所呈現黑黑的東西是什麼？──碳

碳元素不只出現在燒焦的飯中，還能以許多不同的面貌出現在日常生活中。石墨與鑽石同樣由碳元素所構成，但在顏色和光澤上的差異很大。鑽石呈透明無色，在光線照射下顯得光彩奪目，是最堅硬的物質；而石墨呈黑色，柔軟且易受外力作用而剝落，是唯一可導電的非金屬元素，可做為乾電池的電極或是鉛筆的筆芯。

影印機、雷射印表機需要碳粉，才能列印黑色字跡或圖案。活性碳是不定形的碳元素，具吸附力，常應用於飲水機或口罩中，可吸附及過濾雜質。

☐ 電腦裡那麼多晶片，主要是由什麼材料構成的？──矽

地殼中含量最豐富的元素是氧，其次就是矽。電晶體的發明，使得現代的電器用品，體積愈來愈小，功能卻愈來愈多，而電晶體與半導體中最主要的成分就是矽元素。玻璃是混合物，其中最主要成分是由氧與矽構成的化合物。

☻ 火山上噴氣孔的那些黃色粉末是什麼？──硫

硫的外觀為黃色粉末，多存在於火山及溫泉區，可用以製造火藥及硫酸。硫在常溫時很安定，燃燒時發出淡藍色火燄，且生成二氧化硫。二氧化硫溶於水會生成亞硫酸，亞硫酸可使藍色石蕊試紙呈紅色。

☻ 剪刀、釘子、鄉頭都是同一種材料呀！──鐵

大自然的鐵礦大多以氧化物的形式存在，而非純鐵。經提煉後，依含碳量的多寡，可分為生鐵、熟鐵及鋼三大類。

生鐵是利用焦煤在高溫時煉製鐵礦而成的鐵，仍含有大量的碳，硬而脆，適合鑄造，又稱鑄鐵。去除生鐵當中所含的碳，就成為熟鐵。熟鐵是很純的鐵，富展延性，適合高溫鍛造，所以又稱為鍛鐵。鋼的含碳量介於生鐵與熟鐵之間，兼具生鐵及熟鐵的優點，適合鑄造及鍛造，用途非常廣泛，舉凡鐵軌、角鋼、槍炮、船舶等結構材料，或是剪刀、鋼盔、鉗子等工具，皆是鋼製品。

鐵的氧化物大量使用於公共電話卡、電腦磁片、錄音帶、錄影帶等磁性物質中。

☻ 食物放入烤箱加熱前，先找一張薄膜包起來，用什麼材料好呢？──鋁

地球上的岩石、土壤，除了灰石和砂以外，幾乎全部含鋁。鋁是地殼中含量最豐富的金屬元素。鋁的活性大，易氧化，但它的氧化物排列緊密且不易脫落，可在外面形成阻隔，使內部不會繼續氧化。因為鋁質輕不易鏽蝕，所以舉凡門窗、飲料包裝

▲圖4-3

火山噴出的氣體含有水氣、二氧化碳，以及硫化合物。

等，都大量使用鋁做爲材料，造成鋁的用量日益增加。使用烤箱加熱食物時，鋁箔紙是最常用來包裹食物的材料。

堅鋁是由鋁、銅、鎂、錳等數種金屬形成的合金，密度小，硬度大，適合做航空材料。

電線中最主要的成分是什麼金屬？——銅

銅的外觀爲黃色，具金屬光澤，熔點頗高。銅的化學活性不大，不溶於鹽酸及稀硫酸，但可溶於硝酸及熱濃硫酸。銅在潮濕的空氣中氧化生成銅綠，具毒性；而銅在空氣中加熱，生成紅色氧化銅（I）（Cu_2O）或黑色的氧化銅（II）（CuO）。銅的導電性良好，僅次於銀，但價格比銀低，所以大量使用於導線及電器用品的製造上。

銅合金用途多，例如青銅爲銅錫合金，可製成佛像、錢幣或電子材料。黃銅爲銅鋅合金，可做成水龍頭、汽車水箱或藝術品。

鏡子爲什麼亮晶晶？——銀

銀是導電性及導熱性最好的金屬。銀的顏色爲銀白色，富有光澤，主要用於製造錢幣、飾物。由於銀富有光澤，易反射光線，現在鏡子的背面往往鍍上一層很薄的銀。

銀的化合物或合金用途多，例如溴化銀常用做底片和相紙的感光材料。銀粉和汞的合金，稱爲銀汞齊，曾用於填補牙齒，但因汞有毒，又會汙染環境，現在已逐漸爲樹脂取代。火山區的空氣中富含硫化氫氣體，硫化氫很容易與銀反應，而在銀的表面產生黑色硫化銀斑點，所以前往火山地區時，最好不要配戴銀飾。

◯ 黃澄澄的項鍊及戒指是由什麼金屬構成的？——金

金的質地柔軟且有光澤，活性很小，除了可溶於「王水」（1份硝酸與3份鹽酸混合而成）外，不怕任何酸性物質的侵蝕。金的延展性是所有金屬中最好的，可以製成很薄的薄膜以及很細的線條。

金價雖然貴，但因為可製成很精密的電路，所以電腦主機板上含有不少金。有些廢五金處理業者自國外進口廢棄的主機板，經處理後可回收不少黃金，不過處理過程往往會汙染環境，使社會付出代價。日本人喜歡把金箔加入清酒內飲用，以黃金之不腐壞，祈求長生不老，事實上由於金的活性小，幾乎不發生任何反應，所以喝進肚裡的金箔，恐怕會原封不動的排出來。

▲圖4-4

金是貴重的金屬，而且延展性非常好，很適合打造成飾品。

知識補充

汞會使人中毒

1953 年，在日本一個名為水俣的小漁村，居民出現一種怪病。他們常感到疲倦、易怒、頭痛、吞嚥困難、聽力喪失、牙齦發炎、口腔有金屬味等，因為醫生不知致病的原因，就把這種病稱為水俣病。直到 1963 年，才查出造成這種怪病的原因，是一家名為窒素（Chisso）的化工廠在製造塑膠的過程中，使用了含汞的催化劑，導致附近海洋汞濃度太高。當地居民因食用海中捕獲的魚，而間接中毒。這起事件總計造成 43 人死亡，並有許多新生兒先天畸形。

這個不幸案例，使我們瞭解汞具有毒性。所以含有水銀的物質，如水銀電池、日光燈管（含汞蒸氣）等，使用後應回收，不可以任意丟棄。

○ 體溫計裡上上下下的銀白色液體是什麼？──汞

汞俗稱水銀，熔點為−38.9℃，沸點為356.9℃，是常溫常壓下唯一以液態存在的金屬。由於水銀是液態且受熱膨脹均勻，常做為製造溫度計的材料；又因水銀密度大，適合做為氣壓計的材料。

○ 燈絲是由什麼材料製成的？──鎢

鎢是堅硬而且不容易熔化的金屬，熔點高達3,415℃，是所有金屬元素中熔點最高的。愛迪生當年在發明電燈泡的過程中，試了1,600多種物質，甚至連竹子的纖維都拿來試驗，直到後來才發現耐高溫的鎢絲適合做為燈絲。

碳化鎢是由碳與鎢所形成的化合物，質地異常堅硬，像電鑽、電鋸等用來進行高速切割或研磨的工具，若加上碳化鎢，比較不容易磨損。有些原子筆的鋼珠也採用碳化鎢製成，因此如果我們不小心把筆掉到地上，也不用擔心以後寫出來的字會斷水分岔。

▲圖4-5

鎢的熔點高，耐高溫，可做為電燈泡中的燈絲。

4-3 原子與分子

自古以來，人們對於「物質究竟是如何組成的」，一直十分好奇。古希臘哲學家曾基於哲學上的思考，主張物質是由永恒存在的原子組成的，原子不能孳生也不會消失，可經由重新組合形成各種物質。

在十九世紀初，科學家對物質的性質與反應有了一些了解。為了解釋許多實驗中觀察到的現象，英國科學家道耳吞（John

Dalton, 1766-1844）提出原子說，不僅解答了構成物質最小單位的難問，同時也合理解釋了質量守恒定律。

道耳吞的原子模型包含以下三項重點：

⊖ 一切的物質均由微小粒子所組成，這種不能再分割的粒子稱為原子。

⊖ 相同元素的原子有相同質量與性質，不同元素的原子，其質量與性質必定不相同。

⊖ 化學反應是原子重新排列結合成另一種物質的過程，反應前後，原子的種類、質量及數目都不改變，只有排列方式改變。

根據原子說，我們可以很容易的解釋質量守恆定律。由於化學反應的過程，既沒有產生新的原子，也沒有原子消失，只是原子重新排列，當然在反應前後，總質既不增加，也不減少。

歷史故事

患有色盲的道耳吞

道耳吞出身英國窮困的家庭，靠自修學得許多科學知識，一生中大多擔任校長及教師的工作。他本人對於氣候變化非常有興趣，由1787年開始記載氣象日記，直至逝世當天，共留下約20萬筆氣象變化的紀錄。他患有色盲，而且是第一個描述色盲症狀的人，因此紅綠色盲又稱為道耳吞症（Daltonism）。1801年，道耳吞提出分壓定律，認為混合氣體中任一成分氣體的分壓等於該氣體獨占此一容器時的壓力。道耳吞在1803年提出原子說，開啓近代化學的序幕。

義大利科學家亞佛加厥（Amedeo Avogadro, 1776-1856）確信，像氫、氧、氮等氣體，是以2個原子形成1個分子的形式存在，而所謂分子，是由1個或1個以上的原子所組成且具有物質特性的粒子。

元素的分子是由相同的原子所構成，所以只含有1種原子，例如氧分子（O_2）是由2個氧原子結合而成，磷分子（P_4）由4個磷原子構成，有一種硫分子（S_8）由8個硫原子構成（硫分子與磷分子的結構，見第100頁的「看動畫・學理化」）。化合物的分子則是由不同的原子所構成，例如從動畫「水分子的形狀」，可看出水分子是由1個氫原子與2個氧原子結合而成（定格解說請見第103頁的「看動畫・學理化」）。

磷分子（P_4）

▲光碟動畫〈紀念品店〉
磷與硫的分子結構

4-4　週期表

隨著科學的發展，愈來愈多的元素被科學家發現或提煉出來，到了十九世紀中期，人類所發現的元素種類已有六十幾種。這些元素性質各不相同，要如何分類，使當時的化學家傷透了腦筋，但仍有許多化學家嘗試要找出元素性質的規律性。

1863年時，英國化學家紐蘭茲（John Alexander Newlands, 1837-1898）發現，若把元素照原子量大小排列，元素的物理性質與化學性質會以每8個元素為單位，不斷重複，他把這種規律稱為「八音律」（law of octaves），但當時大多數的人都不相信他的說法，而且還加以嘲笑。

幾年之後，俄國化學家門得列夫（Dmitri1 Mendeleev, 1834-1907）把元素依原子量排列時，發現元素的性質有成群的族性，所以在

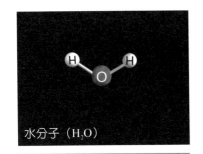

水分子（H_2O）

▲光碟動畫〈紀念品店〉
水分子的形狀

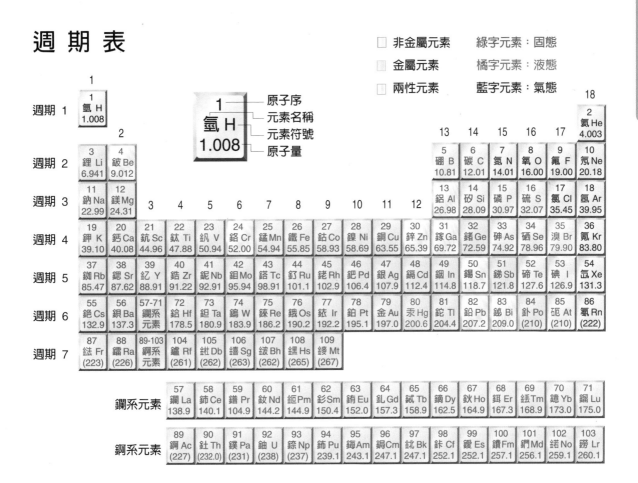

週 期 表

▲圖4-6

（化學元素）週期表。週期表中，同一直行的元素，稱為同一族；同一橫列的元素，稱為同一屬。週期表共分
18族，7週期。元素所在的格子顏色代表該元素為非金屬（淡藍色）、金屬（淡綠色）或兩性元素（黃色，兩
性元素就是它的氧化物或氫氧化物既可以與酸作用、也可以與鹼作用的元素）；文字顏色代表該元素在常溫
下為固態（深綠色）、液態（橘色）、或氣態（深藍色）。

1869年建立了週期表。在門得列夫的週期表中留有數處空白，表示這個位置上的元素還有待發現，他並對這些元素的性質做了預測。往後數年，門得列夫預測的數個元素陸續為人所發現，而且性質也與他的預測吻合，門得列夫因此聲名大噪，週期表的正確性也廣為接受。

門得列夫當時繪製的週期表是依原子量大小排列，我們現在使用的週期表則是依原子序排列，第5章〈積木館〉中，會詳細介紹原子量與原子序有什麼不同。

週期表上同一直行的元素都非常相似，稱為同一族或同一屬；同一橫列的元素，稱為同一週期。週期表中共有18族，7週期。

舉例來說，鋰、鈉、鉀三元素分別位於第1族的第2、3、4週期。這三種金屬位於同一族，性質很相似，它們與水反應，都會放出氫氣，並形成鹼性物質，但是性質仍略有不同，例如熔點的高低是鋰＞鈉＞鉀，與水反應時的劇烈程度（亦即活性）則是鉀＞鈉＞鋰。

各週期的元素性質會重複呈現類似的變化。同一週期元素中，最左邊的元素通常是活性較大的金屬（如鋰、鈉），愈向右邊金屬活性會遞減，週期表中間大多是堅硬而耐高溫的元素（如碳、矽），非金屬元素大多位於週期表右邊，且愈靠近週期表右邊的非金屬元素活性愈大（如氟、氯），但最右邊一族的元素則是最不易發生反應的惰性氣體。

看動畫・學理化

動畫4-1：磷與硫的分子結構

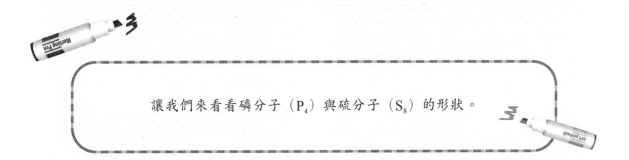

讓我們來看看磷分子（P_4）與硫分子（S_8）的形狀。

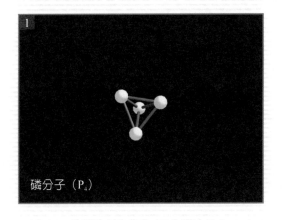

磷分子（P_4）

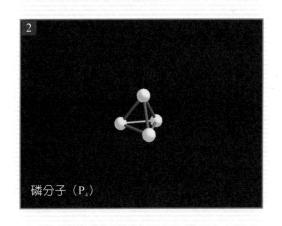

磷分子（P_4）

1～2. 從不同的微觀角度來看磷分子。1個磷分子由4個磷原子構成，呈正四面體（由四個正三角形所構成的立體）。

硫分子（S_8）

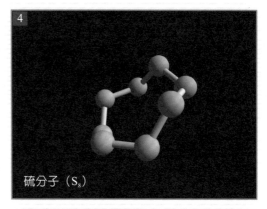

硫分子（S_8）

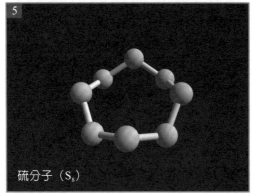

硫分子（S_8）

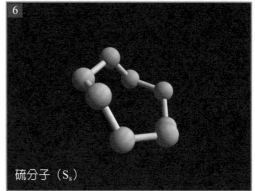

硫分子（S_8）

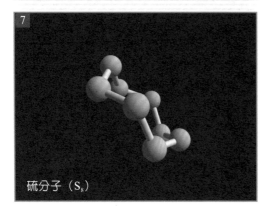

硫分子（S_8）

3～7. 從不同的微觀角度來看由8個硫
　　　原子構成的硫分子。這一種硫分
　　　子的結構類似皇冠。

白磷分子是由4個磷原子所構成，

分子式為P_4，

結合的形態呈正四面體。

硫分子有很多種，

其中一種是由8個硫原子所構成，

分子式為S_8，

形狀很像一頂皇冠。

動畫4-2：水分子的形狀

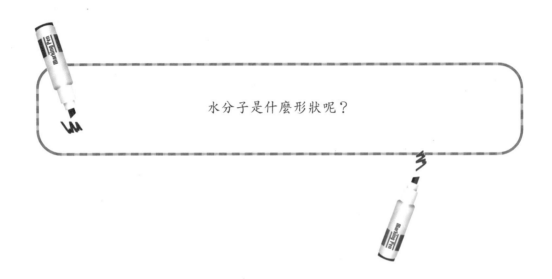

水分子是什麼形狀呢？

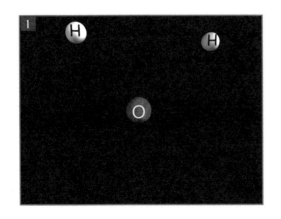

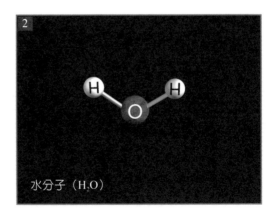

水分子（H_2O）

1. 水分子含有兩個氫原子與一個氧原子。

2. 兩個氫原子連在氧原子上，分子像開口很大的 V 字形，角度為104.5度。

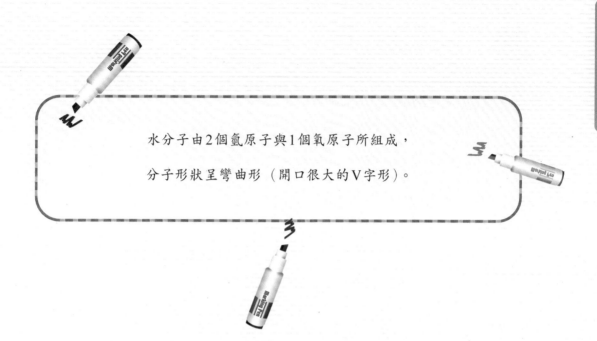

水分子由2個氫原子與1個氧原子所組成，
分子形狀呈彎曲形（開口很大的 V 字形）。

動動手・動動腦

1. 在家中找出任一種元素，例如——鋁，把這個元素在週期表上的位置找出來。

2. 然後利用書籍或網路查出該元素的各項性質，填入下表。

元素名稱	
符號	
熔點	
沸點	
密度	
是誰提煉出來的？	
在什麼時候第一次提煉出來？	
怎麼提煉出來的？	
常溫時的顏色及外觀如何？	
屬於金屬或非金屬？	
是否有毒？有何危險？	
家中哪裡可以找到含有此元素的物品？	
有何用途？	

注：上述表格內的空格，不必每一格都填寫。譬如，有些元素自古就存在，誰也不知道第一個提煉出來的人是誰！

1. 以鋁為例，位在週期表第13族，第3週期。
2. 鋁的各項性質如下：

元素名稱	鋁
符號	Al
熔點	660℃
沸點	2,450℃
密度	2.708 g／cm^3
是誰提煉出來的？	厄斯特（Hans Christian Oersted, 1777-1851）
在什麼時候第一次提煉出來？	1825年首次製出鋁金屬
怎麼提煉出來的？	厄斯特先利用鋁礬土製出氯化鋁，接著把氯化鋁與鉀汞齊（鉀和汞的混合物）混合後，以蒸餾法除去汞，得到不太純的金屬鋁。
常溫時的顏色及外觀如何？	銀白色固體
屬於金屬或非金屬？	金屬
是否有毒？有何危險？	鋁粉易燃，有爆炸危險
家中哪裡可以找到含有此元素的物品？	鋁鍋、鋁箔紙
有何用途？	建築、機械、餐具、軟管

第 5 章

積木館

── 原子與化學反應

所有物質是都是由原子組成的，

原子的種類不同，排列方式不同，就會形成不同的物質。

就像用各種形狀的積木，只要巧妙配合，就可以組成各式造型。

但原子是最基本的粒子嗎？原子會不會是由更小的粒子組成的？

積木本身有可能是由更小塊的積木組成的嗎？

原子像積木，那麼化學反應呢？

像不像拆解原來的積木組合，重新排列成新的形狀？

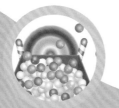

原 子

第4章中，我們提到英國科學家道耳吞提出的原子說，推動了近代化學的快速進展。但道耳吞承繼了希臘哲學家的論點，仍把原子定義為不可分割的，這樣的論點到了十九世紀末，逐漸無法圓滿解釋許多實驗結果。例如某些實驗顯示有些原子帶正電，有些原子帶負電，這暗示某些原子發生了分割，而分割後的碎片帶有電荷且與另一些原子結合，所以失去碎片與得到碎片的原子才會帶有不同的電荷。以上推測如果成立，顯然原子是由更微小的粒子構成的。

5-1 原子結構

道耳吞提出原子說之後，化學有了長足的進展，但原子不可分割的觀念，也深植人心，一直到二十世紀初期，經由英國科學家湯木生（Joseph John Thomson, 1856-1940）及紐西蘭科學家拉塞福（Ernest Rutherford, 1871-1937）與其他科學家共同努力，而建立原子模型。

湯木生最早發現所有的原子中都含有一種帶負電的粒子，他把這種粒子命名為電子，在他最初的構想中，認為電子應該均勻分布在原子中，就像西瓜的種子散布在果肉中一樣。但是拉塞福經由

進一步的實驗，發現原子的構造並不均勻，因此提出一種與湯木生不同的原子模型，他認為：原子是由中心的原子核，以及受原子核吸引而環繞原子核旋轉的電子構成的。經由進一步的實驗，拉塞福發現原子核內含有帶正電的質子，原子核所帶的正電荷就是質子的電荷。後來，科學家更發現大多數原子的原子核中，除了質子外，還有一種不帶電的中子，中子的質量大約與質子質量相等。

我們可以從動畫光碟的〈積木館〉中，看到原子模型（定格解說請見第131頁的「看動畫・學理化」）。

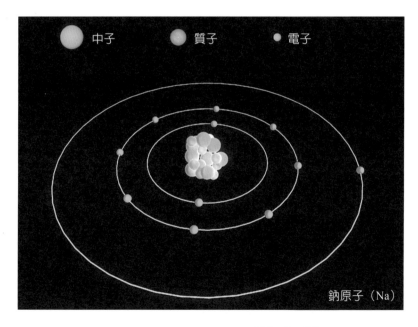

鈉原子（Na）

▲光碟動畫〈積木館〉
原子模型

電子的質量很輕，大約爲9.11×10^{-31}公斤，接近質子質量的$1 / 1840$，而中子質量與質子約略相等，所以原子的質量幾乎全部集中在原子核。原子核雖然很重，但是體積卻非常小；帶負電的電子，受帶正電的原子核吸引，環繞著原子核運動，電子運動的範圍就視爲原子的體積。

在正常的原子中，帶正電的質子數目與帶負電的電子數目相等，這樣整個原子的正負電總和相等，原子會保持電中性。

在一般的化學反應中，原子核內質子、中子的數目並不會改變，只是電子發生轉移而已。只有在發生核反應時，質子與中子的數目才會改變。

物質會帶電，是電子轉移的結果。當原子失去電子時，原子核外的電子數目會少於核內的質子數目，使原子帶正電。反之，當原子得到額外的電子時，原子核外的電子數目會多於核內的質子數目，使原子帶負電。

因爲電子質量很小，與質子、中子相比，根本微不足道，所以原子的質量可以看成是質子加中子的質量總和。一個原子中，質子數與中子數的總和又稱爲質量數。例如矽原子質子數是14，如果它的中子數也是14，則質量數爲28。

質子數相同的原子，化學性質必定相同，換句話說，質子數可以決定原子的性質，所以質子數又稱原子序，是辨識原子種類的一種方法，凡是原子序相同的原子，就是相同元素的原子。質子數相同，但中子數不同的原子，互稱爲同位素。例如自然界中的碳有兩種穩定的同位素，碳12與碳13，它們的質子數都是6，所以同爲碳元素，但中子數分別爲6、7，質量數分別爲12、13。

	碳12（^{12}C）	碳13（^{13}C）
質子數	6	6
中子數	6	7
質量數	12	13

◀表5-1
碳12與碳13的比較

5-2 原子量與分子量

　　要怎麼秤出原子與分子的質量？原子與分子是非常非常微小的粒子，在普通的實驗室裡，根本無法直接測得它們的實際質量。於是早期的科學家取各元素的原子質量互相比較，來代表原子的質量（或稱原子量）。同樣的，經由比較得到代表分子質量的數值，稱為分子量。

　　在那個階段，原子量與分子量都是相對質量。也就是說，雖不知道一個二氧化碳分子有多重，也不知道一個氧分子有多重，只知道一個二氧化碳分子的質量是一個氧分子質量的1.375倍，如果規定氧的分子量為32，則二氧化碳分子量＝32×1.375＝44。

　　等到有了同位素的概念後，化學家才知道一袋氧氣中，可能含有好幾種氧的同位素原子，因此決定原子量的標準必須更精確。化學家經由會議決定以碳12原子做為比較標準，並定碳12的原子量為12。其他原子與碳12原子的質量相比，即可求出其原子量。

　　分子量也是比較的數值，它等於該分子所含原子的總質量，所以分子量也沒有單位。例如：水H_2O的分子量為18＝2×1（H）＋16（O）。

　　元素的原子量可由第98頁的週期表中查得。

5-3 莫耳

由上一節可知，原子與分子的質量都很小，無法直接測量，只能以相對質量來表示。由於原子與分子極小，我們眼睛所看到的任何物質，即使是一滴水，也都是由數萬億個原子或分子形成的，數目多得驚人，絕對沒辦法一粒一粒計算。

就像買紅豆時，因為紅豆的粒子太小，數量又太多，在購買時很難說買一千顆紅豆，而是以質量為計量單位。同樣的道理，12公克的碳12裡面含有6×10^{23}個碳原子，因此科學家訂定任何粒子只要大約含有6×10^{23}個，都稱為1莫耳（mol）。

歷史故事

從律師改行的亞佛加厥

亞佛加厥（Amedeo Avogadro, 1776-1856）為義大利物理學家。他本來擔任律師，但因對物理及數學感興趣，在1809年轉任物理學教授。

1806年，法國的化學家與物理學家給呂薩克（Joseph Louis Gay-Lussac, 1778-1850）提出氣體反應體積定律：「在相同溫度與壓力時，參與化學反應的氣體體積成簡單整數比。」亞佛加厥為了解釋這個定律的意思，於是在1811年提出一項假說：「在相同溫度及壓力時，相同體積的氣體必含相同的分子數。」這就是著名的亞佛加厥假說。這個假說剛提出時，沒有受到重視，一直到他死後的1858年才重新受到重視。

由於亞佛加厥學說的啟發，科學家才得以測量出各氣體的相對分子量。為紀念亞佛加厥的貢獻，我們把6×10^{23}這個數字稱為亞佛加厥數。

18公克的水裡面即含有6×10^{23}個水分子，也就是說，18公克的水等於1莫耳的水分子。同理，32公克的氧中含有6×10^{23}個氧分子，由於一個氧分子含有兩個氧原子，所以32公克的氧中含$2 \times 6 \times 10^{23}$個氧原子；換句話說，32公克的氧是1莫耳的氧分子，有2莫耳的氧原子。

1莫耳原子中含有6×10^{23}個原子，「6×10^{23}」這個數字也稱為「亞佛加厥數」。

基於以上「莫耳」的意義，我們可歸納出數個計算式：

$$1個原子的實際質量 = \frac{原子量（公克）}{6 \times 10^{23}}$$

$$1個分子的實際質量 = \frac{分子量（公克）}{6 \times 10^{23}}$$

$$\frac{原子質量}{原子量} = 莫耳數 = \frac{原子數目}{6 \times 10^{23}}$$

化學反應

你知道大自然時時刻刻都在進行各種化學反應嗎？例如，綠色植物的光合作用事實上就是一種化學反應，利用這種化學反應，植物可以把從環境中得到的二氧化碳和水，轉變成自己需要的葡萄糖和氧。

那麼二氧化碳、水、葡萄糖和氧的化學式怎麼寫？光合作用的反應式又是什麼？聽到「化學式」、「反應式」這種硬梆梆的名詞，是不是馬上讓你覺得理化真的困難又枯燥呢？

沒錯，這些名詞聽起來很嚇人，但你可別被唬住了！根據道耳吞的原子說，化學反應，只不過是原子重新排列而已。有一點像我們把原來排好的積木推倒，再重新排列成新的組合。搞清楚進行反應的各種物質的化學式，就像是弄清楚積木原來是拼成什麼形狀的模型一般，而反應式就告訴你，推倒的這一堆積木，要再組合成什麼新模型。所以化學反應，只不過是用原子積木，來進行各種模型的變化罷了！

不過，有時候有些反應進行得很快，而有些反應進行得很慢，這是為什麼呢？

▲圖5-1

植物行光合作用製造養分，這也是一種化學反應。

5-4 化學反應的現象

仔細觀察化學反應時往往會發現，化學反應的過程，有時候會出現一些明顯的變化，如產生沈澱、冒出氣體、溫度升高或降低，或是顏色發生變化等。以下一一介紹這些現象。

沈澱

想目睹沈澱的發生嗎？拿半杯牛奶，然後加入幾滴醋，用筷子攪一攪，你看到什麼現象了？牛奶或豆漿遇到酸都會沈澱喔！想想看，有沒有可能泡一杯檸檬牛奶？

產生氣體

把家庭藥箱中的雙氧水拿出來，倒一些在杯子裡，接著去冰箱找一小片生豬肉來，丟到杯中的雙氧水裡，你看到什麼現象了？這是因為豬肉裡有一種生物的催化劑（稱為「酶」）加速了雙氧水分解的反應。

溫度變化

所有的化學變化，一定跟能量的釋放或吸收有關。在反應過程放出能量，可能使附近環境溫度上升的，就叫做「放熱反應」；而反應過程要吸收能量才能進行，可能使附近環境溫度下降的，就叫「吸熱反應」。

放熱反應包括放出電能、光能或熱能的化學反應。例如，冬天時有一種鐵粉做的暖暖包，裡頭有食鹽與水，使用時雙手一搓，

把包裝裡的水擠出來，食鹽水會加速鐵生鏽，而鐵生鏽正好是放熱反應，所以暖暖包的溫度上升，可幫我們驅走冬天的寒冷。此外，如廚房中的瓦斯燃燒，會放出光能與熱能；電池進行放電反應時，雖然我們沒有感到明顯的溫度上升，但經由化學反應放出電能，也屬於放熱反應。

吸熱反應包括吸收電能、光能或熱能的化學反應。例如綠色植物進行光合作用的過程會吸收光能，把二氧化碳與水轉變成葡萄糖貯存起來，故屬於吸熱反應。水電解成氫與氧時，須吸收電能。如果你想做一個「冰冰包」，只要搓一下，就可以把溫度降下來，那你可以選擇氫氧化鋇晶體與硝酸銨粉末，因為這兩種物質混合後，會使溫度急速下降，可見這個反應吸收了熱能。

顏色改變

例如在紅茶中加入檸檬汁（酸性），會使紅茶的顏色由暗紅變為紅色。其實，幾乎大多數植物中都有一些色素，這些色素往往在酸中與在鹼中會呈現不同的顏色。如果你對這個現象有興趣的話，不妨拿一些植物的汁液（如黑豆、蘋果皮、紫甘藍或紅鳳菜用熱水浸泡後所溶出的汁液，或直接拿紫葡萄汁也可以），把同一種汁液分別倒在兩個白碗裡，然後在其中一個碗中滴入醋數滴，另一碗則撒入洗衣粉一小匙，看看兩個碗中的汁液顏色有何不同？

質量守恆

化學反應的種類繁多，反應時出現的現象也各不相同，但是所有的化學變化都遵守一個很重要的定律，那就是「質量守恆定律」：在化學反應中，反應前所有物質的總質量，恆等於反應後所

有物質的總質量。這個觀念最早由俄國科學家羅蒙諾索夫（Mikhail Lomonosov, 1711-1765）在1748年提出，但似乎並未受到重視，後來因拉瓦節的實驗，才引起化學界注意。

由於拉瓦節非常重視精確測量，他在每次實驗前後，對參與反應的物質與反應後生成的物質都會做精確的質量測量，因此重新提出這個定律。拉瓦節重視精密測量的習慣也影響了後來的科學家，帶動化學的突飛猛進。

火柴燃燒變灰燼，質量看起來好像減少了，但如果這個反應是在密閉的瓶子裡進行，你就會發現，反應前後，整個瓶子的質量都沒有變動，燒掉的火柴與氧氣的總質量與產物的總質量一樣。

從稀鹽酸與大理石的反應，也可以證明質量守恆定律（見第133頁的「看動畫·學理化」）。

▲光碟動畫〈積木館〉
質量守恆定律實驗
（稀鹽酸與大理石的反應）

5-5　氧化與燃燒

我們日常生活中經常會見到燃燒現象，例如廚房裡用瓦斯爐烹煮，拜拜時用蠟燭點香，露營時升起的營火等，都是燃燒的現象。

燃燒是很劇烈的氧化反應，會同時放出光與熱。物質與氧化合的反應通稱為「氧化」。不過有些氧化反應較緩慢，例如鐵在潮濕的環境中，要幾天甚至幾星期才會出現明顯的鏽斑；有些氧化反應較劇烈，例如火藥爆炸，這是火藥與氧的反應，但整個過程大約只要百萬分之一秒就完成了，在那麼短的時間內，卻產生大量的熱與氣體，所以往往有很大的破壞力。

物質與氧反應後的產物，多半含有氧原子，而含有氧原子的

化合物稱爲氧化物。我們每分每秒都在進行的呼吸作用，就是典型的氧化反應，呼吸出來二氧化碳及水，都是氧化物。

有些元素容易發生化學反應，有些則很難。元素的這種發生化學反應的難易程度，稱爲活性，活性大的元素容易反應，就像活潑的人容易交朋友，跟人家成群結隊一樣。活性大的金屬元素，很容易在空氣中燃燒；而活性小的金屬元素，則不容易燃燒。

我們可以拿鈉與銅來進行氧化實驗，看看誰的活性大（鈉與銅的氧化情形，見第136頁的「看動畫・學理化」）。

鈉、鎂很容易與氧化合燃燒，所產生的氧化物相當安定，不會再與其他物質反應；反觀銅、鉛只有在高溫下才能與氧化合，且不易燃燒，而所產生的氧化物較不安定，易與其他物質反應。就像大多數人遇到喜歡的人，會馬上想跟他在一起，且當了好朋友後就不想分開；如果不得已才跟某人交朋友，一旦遇到更有趣的人，就會馬上跟這個更有吸引力的人當好朋友，而與原來的朋友疏遠了。

氧化銅與鎂粉混合加熱，因爲鎂的活性大，要來搶奪氧，而銅不怎麼喜歡氧，就把氧讓給鎂，雙方一拍即合，反應很劇烈，生成銅與氧化鎂。如果把氧化鎂與銅粉混合加熱，因爲銅的活性小，搶不過鎂，就不發生任何反應。鎂與氧化銅的反應，可以表示爲

$$鎂＋氧化銅 \rightarrow 銅＋氧化鎂$$

這一類反應通稱爲置換反應，活性大的元素可以把活性小的元素自化合物中置換出來，但活性小的元素不能把活性大的元素自化合物中置換出來。例如：

$$銅＋氧化鎂 \rightarrow 不起反應$$

▲光碟動畫〈積木館〉
鈉與銅的燃燒反應實驗

5-6 化學式與反應式

化學式

你用兩枚一元硬幣和一枚十元硬幣排列成右圖，你看像不像米老鼠？如果用這一元硬幣表示氫原子，用十元硬幣表示氧原子，右圖就是水分子了。

你現在已經知道水分子的組成了，你要用什麼方法讓其他人也瞭解水分子的組成？也畫一個圖嗎？但有些分子極複雜，每次都要詳細畫圖，太麻煩也沒必要，所以化學家設計了各種化學式。化學式是代表純物質中原子種類與數量的簡單式子。化學式的型式不只一種，但在本書中則不打算介紹各種化學式之間的區分。

例如水分子是由兩個氫原子（H）及一個氧原子（O）所組成，因此水的化學式寫成H_2O。二氧化碳分子是由一個碳原子（C）與兩個氧原子組成，所以化學式為CO_2。氧氣分子是由兩個氧原子組成，其化學式則為O_2。葡萄糖分子中共含有6個碳原子，12個氫原子及6個氧原子，所以葡萄糖的化學式是$C_6H_{12}O_6$。

金屬元素往往是由無限多個原子聚集在一起，為了方便起見，都以元素符號表示，例如金屬銅就以Cu表示。

有些物質是由金屬元素與非金屬元素化合而成，這類物質往往由無數個金屬原子與無數個非金屬原子相互交錯形成，為了方便起見，依各種不同原子之數目比，以簡單的方式表示。例如食鹽（氯化鈉）是由無數個鈉（Na）原子與無數個氯原子（Cl）相互交錯形成的，因其中鈉原子與氯原子的數目約略相等，所以化學式可

▲圖5-2

用一元硬幣代表氫原子，十元硬幣代表氧原子，排列成水分子的樣子。

寫爲NaCl。但是像氯化鎂，雖然也是由無數個鎂（Mg）原子與無數個氯原子相互交錯形成的，因其中鎂原子與氯原子的數目約等於 1：2，因此表示爲$MgCl_2$。

化學式的寫法，一般而言，須遵以下幾個規則：

☺ 金屬元素符號在前，非金屬元素符號在後。例如：MgO（氧化鎂）、NaCl（氯化鈉）。

☺ 氧化物中氧的符號寫在後面。例如：MgO、SO_2（二氧化硫）。

☺ 含碳、氫，或碳、氫、氧的化合物，通常按碳、氫、氧的順序依次書寫。例如：葡萄糖的分子式$C_6H_{12}O_6$，蔗糖則是$C_{12}H_{22}O_{11}$。

中文名稱	化學式	中文名稱	化學式
水	H_2O	氧化鎂	MgO
二氧化碳	CO_2	氫氧化鎂	$Mg(OH)_2$
二氧化錳	MnO_2	氫氧化鈉	NaOH
二氧化硫	SO_2	氯化鈉	NaCl
硫酸	H_2SO_4	鹽酸	HCl

表5-2 ▶

常見的化學式

化合物中各元素的原子數比有一定的限制，通常要以實驗求出，不可任意杜撰。

化學反應式

我們再以一元硬幣來表示氫原子，十元硬幣來表示氧原子，那麼氫分子就用兩枚一元硬幣表示，氧分子就用兩枚十元硬幣表示，

則氫氣燃燒產生水的反應就可以表示爲圖5-3（a）。

但是這樣表示，又出現一個新問題，反應前的兩枚十元硬幣怎麼會在反應後變成一枚？如果沒有人偷走錢，硬幣總和不能改變呀！這種觀念在科學上叫做「原子不滅」。爲了維持「硬幣不滅」，我們要在反應後的一邊再加一分子的水，但這樣一元硬幣又多出來了，硬幣也不會憑空多出來呀！所以反應前的氫分子也要多加一個，見圖5-3（b）。這一段硬幣重新排列的討論，就是化學反應式所要表達的。

(a)

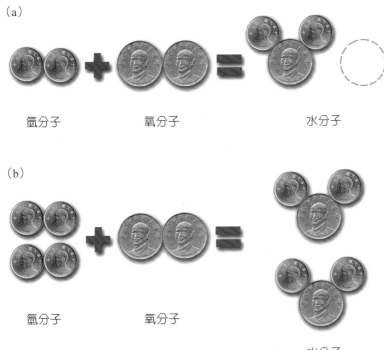

氫分子　　　　　氧分子　　　　　水分子

(b)

氫分子　　　　　氧分子

水分子

◀圖5-3

（a）氫（一元硬幣）與氧（十元硬幣）反應成水，但是反應後的氧原子少了1個；（b）爲了維持「原子不滅」，我們在反應後的右邊再加1個水分子，但這樣會多出2個一元硬幣，所以反應前也要多加1個氫分子（2個一元硬幣）。最後的化學反應式就如圖所示了。

　　為了表示一個化學反應的事實與數量，我們把反應物與生成物的化學式，用矢號等簡單符號及數字相連，使之成為類似數學方程式的橫式，此即為化學反應式。就好比硬幣不會任意增減，化學反應式矢號兩端的原子種類、數目也都不會發生改變，而且必定符合質量守恒定律。因此以上的氫與氧反應生成水，可以寫成：

$$2H_2 + O_2 \rightarrow 2H_2O$$

　　再舉一個例子，鎂帶在空氣中燃燒產生氧化鎂的反應，可先寫成：

$$Mg + O_2 \rightarrow MgO$$

　　其中矢號左邊的Mg和O_2稱為反應物，矢號右邊的MgO稱為生成物或產物。

　　任何化學反應均須符合「質量守恒定律」及「原子不滅」。所謂「原子不滅」，就是道耳吞在原子說中提及的「化學反應前後，原子的種類及數目均不改變」，我們若檢查上述鎂燃燒的反應式，會發現矢號左右兩側的氧原子數不相等。因此，我們必須在Mg及MgO之前各加上2，才能符合原子不滅的概念。最後這個反應式寫成：

$$2Mg + O_2 \rightarrow 2MgO$$

　　反應式比硬幣排列略為複雜一點，因為化學反應進行時，有時需要有特定的條件才能進行，所以有時必須用一些適當的文字或符號，把反應過程中的狀況及反應條件等表示出來，比如加熱（△）或加催化劑等。比方說雙氧水分解成氧與水，以二氧化錳當

催化劑，反應式可表示爲：

$$2H_2O_2 \xrightarrow{\text{MnO}_2} 2H_2O + O_2$$

　　化學家用反應式來表示化學反應，不但可以省略繁雜的文字敘述，而且世界通用，非常方便。化學反應發生後，產物的種類與產量是由實際反應情況決定的，不能隨便憑空臆測。而參與反應的各項物質是以何種比例參加反應，都必須根據實驗結果加以確認。

Question 想一想

大理石加上稀鹽酸的化學反應可以寫成下式：

$$CaCO_3 + HCl \rightarrow CaCl_2 + H_2O + CO_2$$

請算一算，反應式兩側的所有原子，是否滿足「質量守恆定律」？如果沒有，要怎麼修改呢？

Answer 參考答案

$$CaCO_3 + 2HCl \rightarrow CaCl_2 + H_2O + CO_2$$

5-7 粒子觀點

　　我們在前面的章節提過，質子、中子與電子三者構成了原子。一個或數個原子可以連結成一個分子，而我們日常中見到的物質，往往都是由數萬億個分子聚集而成的。物質的由小而大的構

成，可以由圖5-4說明：

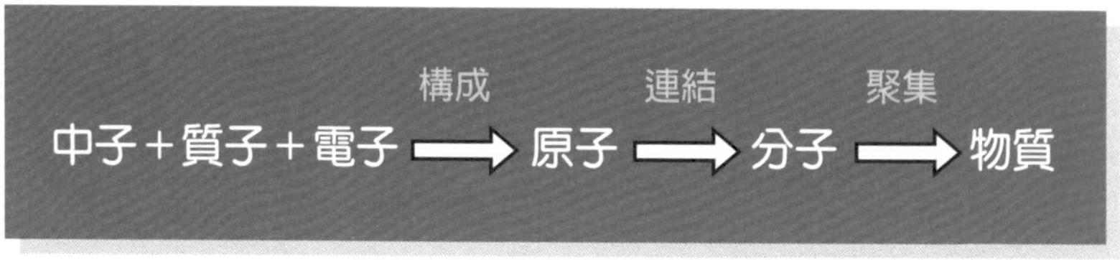

圖5-4▶

「物質構成」的基本概念

構成　　連結　　聚集

中子＋質子＋電子 ⟶ 原子 ⟶ 分子 ⟶ 物質

我們曾在第1章討論過水的三態，現在我們對原子與分子略有瞭解之後，可以用原子或分子的觀點再對物質三態做描述。

⊟ 固 態

通常固態時，分子的堆積最緊密，分子間的吸引力也最大，分子的位置不能任意移動，所以體積與形狀不會隨容器而改變。

⊟ 液 態

通常在液態時，分子間的距離較固態時大，吸引力較小，分子可以在容器內移動，儘管體積一定，形狀卻可以隨容器改變。在液體溫度仍低於沸點時，偶爾會有少數的分子離群逃逸，這種現象稱為蒸發。

⊟ 氣 態

分子間的距離比固態與液態時都大，分子可自由移動，一般會均勻散布在空間中，體積與形狀均會隨容器而變化。

第1章曾探討過物理變化與化學變化的不同。如果用原子與分

子的眼光來看，物理與化學變化之間最大的差別在於分子是否發生改變。物理變化的過程中，原有的分子並未分解，也沒有新的分子產生，可能只是分子間的距離改變了，例如液態水汽化爲水蒸氣時，分子間的距離拉大，但水分子本身並沒有受到破壞（見第138頁的「看動畫・學理化」）。

　　化學變化過程中，原有的分子產生分解，原子重新組合成新的分子。例如，天然氣成分之一的甲烷在燃燒時，化學反應式爲：

$$CH_4 + 2O_2 \rightarrow CO_2 + 2H_2O$$

甲烷分子與氧分子在燃燒反應過程中都會分解，原子經重新組合之後，誕生了新的二氧化碳分子與水分子（見第140頁的「看動畫，學理化」）。

▲光碟動畫〈積木館〉
冰、水、水蒸氣的結構

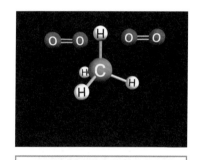

▲光碟動畫〈積木館〉
甲烷的立體模型與燃燒

5-8　反應速率與化學平衡

反應速率

　　前面提過，鈉與銅都可以與氧發生反應，但鈉的活性大，反應劇烈，反應速率快，銅的活性小，反應溫和，反應速率慢。影響化學反應速率的因素，除了物質本身的活性外，反應時的溫度、反應物的濃度、有沒有催化劑的加入、反應時反應物之間互相接觸面的表面積大小等，都會影響反應速率。

　　影響反應速率的數個因素，我們簡要介紹如下：

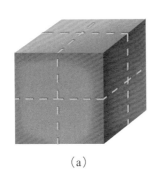

(a)

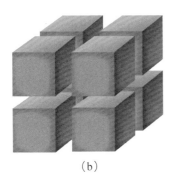

(b)

▲圖5-5

一個立方體（a）從它的邊長
一分為二，分割成8個立方體
（b）。（a）與（b）的體積總
和相等，但（b）的面積總和
是（a）的2倍。

○ 活性

如果其他條件相同，活性大的元素反應速率較快。例如鐵的活
性大，生鏽快；金的活性小，不生鏽（可視為生鏽極慢）。

○ 濃度

一般而言，反應物濃度愈大，反應速率愈快。我們拿醫藥箱裡
的雙氧水和補血用的鐵劑來做試驗，就可以明白。首先找來兩
個杯子，在一杯中倒入雙氧水約100 mL，另一杯則倒入雙氧水
約10 mL，再加水至100 mL，這樣第二杯中雙氧水的濃度就是
第一杯的十分之一。接著把補血鐵劑用剪刀剪成相同大小的兩
枚，同時投入兩杯中，看看兩杯雙氧水產生氧氣的速率有何不
同？

○ 接觸面積

顆粒愈細，接觸面積會變大，反應速率也愈快。我們可以重複
上一個實驗，但這次兩杯中雙氧水濃度相同，卻把剪開的兩枚
鐵劑，一枚不再切割，另一枚用湯匙壓成粉末，同時投入兩杯
雙氧水中，看看倒入粉末的那一杯雙氧水，產生氧氣的速率是
否比另一杯快？這是因為鐵劑磨成粉末後，總接觸面積比顆粒
狀鐵劑大，在單位時間內，雙氧水中的成分（過氧化氫）與鐵
劑碰撞（氧化）的次數增加。

○ 溫度

在其他條件相同的情況下，溫度愈高，反應速率愈快。例如：
冰箱中的食物不易腐敗，是因為低溫會降低反應速率。

⊖ 催化劑

適當的催化劑，會改變反應速率，通常是使反應變快，但反應前後，催化劑的量不增也不減。例如：以雙氧水製造氧氣時，使用鐵劑當催化劑，可以加速氧氣的生成。

化學平衡

有些化學反應，不但可以向反應式的右邊進行（正反應），也可向反應式的左邊進行（逆反應），這種反應稱為可逆反應。例如，溴原本是暗紅色液體，加水稀釋後的溴水顏色是橙色，比暗紅色淡許多，溴水愈稀，顏色愈淡，反應式如下：

$$Br_2 + H_2O \rightarrow H^+ + Br^- + HBrO$$

如果在稀溴水中滴入鹼性的氫氧化鈉溶液，溴水的橙色會再變淡，顯示反應向右進行，溴消耗掉了；但如果在溶液中滴入酸性的硫酸，溴水的橙色變深，顯示反應向左進行。（見第143頁的「看動畫，學理化」）。

在上述反應中，燒杯內的溴水其實不只含有溴及水，還含有 H^+、Br^-、$HBrO$ 等物種，這些物種會互相影響與交互作用，但與外界物質並沒有明顯的交互作用，我們可以把這杯溴水視為一個系統。如果一個系統沒有物質進出，則稱為密閉系統。

一個可逆反應放置在密閉系統中一段時間後，往往看不出在溫度、壓力、濃度、顏色上有任何變化，但事實上反應仍在進行，只是正反應速率等於逆反應速率而已，這種情況稱為化學平衡。

化學平衡的觀念在日常生活中非常普遍，例如未開瓶的汽水，從外表看來，瓶內沒有任何變化，其實瓶內的二氧化碳不斷從水中

▲ 光碟動畫〈積木館〉
溴水的可逆反應實驗

逸出，水面上的二氧化碳也不斷溶入水中，但因逸出與溶入的速率一樣快，所以看不出明顯變化。但如果我們把瓶蓋打開，使系統不再密閉、瓶內氣體逸出，則水面上二氧化碳壓力減小，原來溶在水中的二氧化碳大量逸出，導致汽水開瓶的瞬間會有大量氣泡產生。

　　濃度、溫度與壓力都會對化學平衡產生影響：

⊖ 濃度

增加反應物濃度或減少產物濃度，有利於反應向右；減少反應物濃度或增加產物濃度，有利於反應向左。例如在溴水中滴入鹼性溶液時，由於酸鹼中和，水溶液中的H^+減少，反應向H^+、Br^-、HBrO一方進行，使得Br_2減少，所以溶液顏色變淡；反之，當滴入酸性溶液時，H^+增加，反應向Br_2進行，溶液顏色變深。同理，如果你打了一杯紅鳳菜汁，並準備食醋做為酸液，取洗衣粉泡入水中做為鹼液，當你把鹼液加入紅鳳菜汁，水溶液中的H^+減少，菜汁會變綠或變黃；當你加入酸液時，水溶液中的H^+增加，反應會朝反向進行，所以紅鳳菜汁又變紅了。

⊖ 溫度

升高溫度，有利於吸熱反應；降低溫度，有利於放熱反應。例如工業上製造氨氣的方法，稱為哈柏法（見下方的化學反應式），是放熱反應，要降低溫度才能使反應向右，增加產量，但溫度太低，反應速率又太慢。所以化學工廠往往是為了兼顧產量與速率而設定最佳條件。

$$N_2 + 3H_2 \xrightarrow{\text{Fe}} 2NH_3$$

⊖ 壓力

壓力增大，有利於反應式中氣體莫耳數較少的一方；壓力減小，則有利於氣體莫耳數較多的一方。在上述哈柏法製氨的反應中，反應式左方氣體總莫耳數為4，反應式右方氣體總莫耳數為2，所以反應要在高壓下進行，才會增加產量。此外，製作汽水時施加高壓，反應會往氣體莫耳數少的一方進行，所以二氧化碳溶入水中；反之，打開瓶蓋時，壓力減小，反應會往氣體莫耳數多的一方進行，氣體因此冒了出來。

毀譽參半的哈柏

德國化學家哈柏（Fritz Haber, 1868-1934）可能是最受爭議的諾貝爾化學獎得主了。

氮是空氣中含量最多的元素，若能把氮由元素製成化合物（稱為氮的固定），人類就可利用氮製造許多有用物質，例如用氮製成的肥料（氮肥）就是植物最需要的養分之一。但是氮的活性小，很難發生化學反應，所以人類很難加以利用。哈柏在1907到1909年，成功合成出氨，這種氮的固定法即稱為哈柏法。哈柏法的成功，使肥料得以大量生產，對農業增產貢獻很大。哈柏因此榮獲1918年諾貝爾化學獎。

然而，哈柏在第一次世界大戰時，領導德國化學戰劑部門，發展出許多毒氣，造成戰場上嚴重死傷。哈柏的妻子極力反對他製造毒氣，但他堅持愛國是沒有錯的。

哈柏設計固定氮的方法，提高農業產量，拯救了許多瀕臨餓死的貧民，但他也利用化學知識，製造了毒氣，使戰爭更為殘酷。科學家面對人道與愛國心的衝突時，究竟應如何抉擇，實在發人深省。

看動畫・學理化

動畫5-1：原子模型

原子是由更微小的「質子、中子與電子」三種粒子所組成。

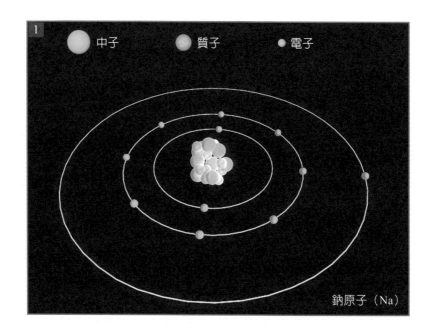

鈉原子（Na）

1. 原子的體積大部分是空的，原子的質量只集中在體積很小的原子核上。在動畫中所看到的並不是真實的比例，事實上，如果原子像巨蛋棒球場一樣大的話，原子核只不過像球場中的一枚硬幣一樣小。

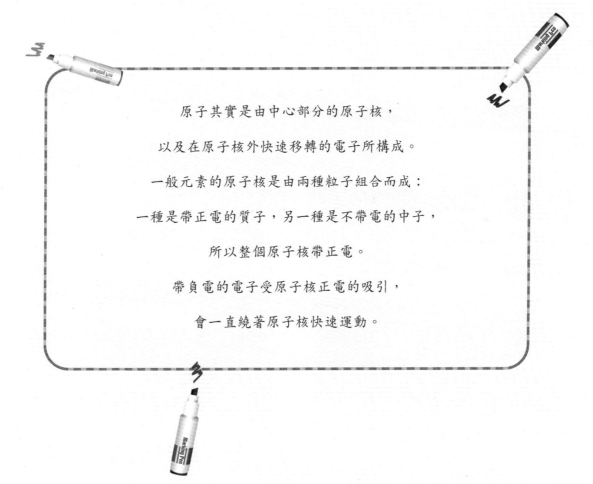

原子其實是由中心部分的原子核，

以及在原子核外快速移轉的電子所構成。

一般元素的原子核是由兩種粒子組合而成：

一種是帶正電的質子，另一種是不帶電的中子，

所以整個原子核帶正電。

帶負電的電子受原子核正電的吸引，

會一直繞著原子核快速運動。

動畫5-2：質量守恆定律實驗

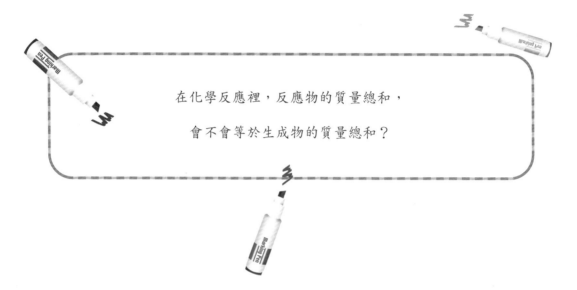

在化學反應裡，反應物的質量總和，

會不會等於生成物的質量總和？

大理石
加水

稀鹽酸

1. 左邊的錐形瓶裡裝有大理石與水，右邊的燒杯中是稀鹽酸，可利用滴管吸取稀鹽酸。
2. 把滴管移到錐形瓶裡，但是先不要把稀鹽酸擠出來。

產生
二氧化碳

3. 把整個錐形瓶移到天平左邊秤盤上，這時的錐形瓶是密閉系統，右邊的秤盤放著砝碼。在反應開始以前，天平就已經平衡，顯示左右兩盤中的物質質量相等。

4. 把滴管中的稀鹽酸擠出來。

5. 稀鹽酸與大理石反應時，很明顯可以看到有氣體產生，這些氣體是二氧化碳。

6. 反應最後所有產物仍留在錐形瓶內，又因錐形瓶是密閉的，所以天平仍然維持水平，顯示錐形瓶內的物質總質量沒有改變。

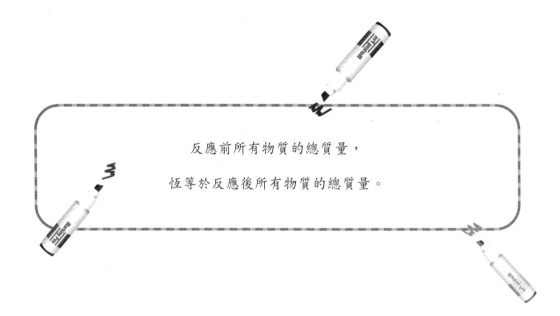

反應前所有物質的總質量，

恆等於反應後所有物質的總質量。

動畫5-3：鈉與銅的燃燒反應實驗

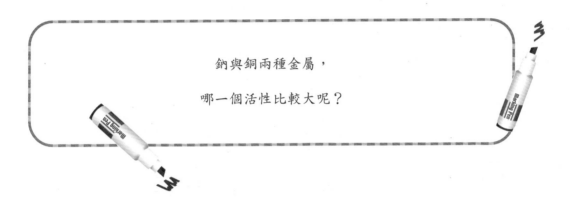

鈉與銅兩種金屬，

哪一個活性比較大呢？

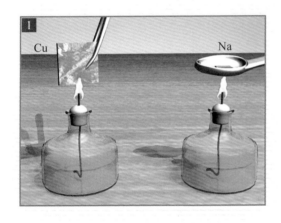 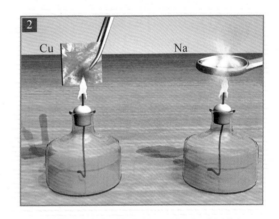

1. 把鈉與銅放在酒精燈上燃燒。

2. 右邊的鈉容易與氧作用而燃燒，火焰呈現黃色，並生成氧化物。左邊的銅對氧的活性很小，不容易燃燒，受熱後表面會生成暗紅色及黑色的氧化物。（鈉對氧的活性很大，所以鈉必須貯存在盛有石油的瓶中，因石油內不含氧。）

鈉受熱後發生異常激烈的氧化反應，進行燃燒並產生黃色火焰；

銅受熱後，也發生了氧化反應，但不燃燒。

所以，鈉的活性比銅大。

動畫5-4：冰、水、水蒸氣的結構

冰、水、水蒸氣是同一種物質的三態，

在這三態中，

水分子究竟有什麼不同？

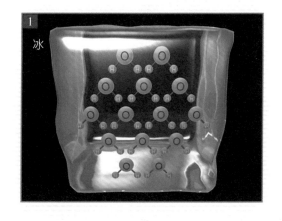

1. 在冰中，水分子以一定的方式堆積，分子只能原地振動，不能移動。

2. 當冰受熱，溫度逐漸上升，水分子振動愈來愈大，終於掙脫束縛，這就是冰熔化為
   水的過程。

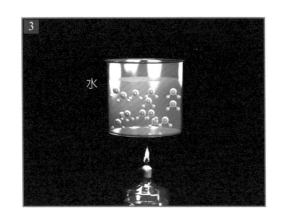

3. 液態中的水分子已能移動，但大多數分子仍不能任意脫離液面。

4. 當液態水受熱時，水分子移動的速率愈來愈快，溫度上升到沸點時，水分子可以脫離液面自由移動。

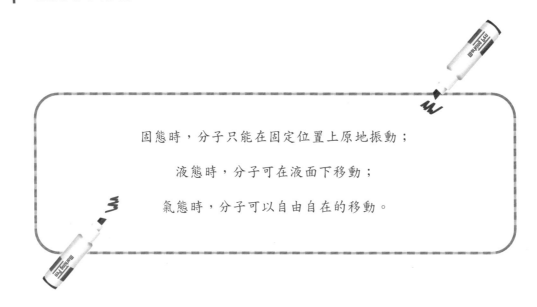

固態時，分子只能在固定位置上原地振動；

液態時，分子可在液面下移動；

氣態時，分子可以自由自在的移動。

動畫5-5：甲烷的立體模型與燃燒

甲烷的分子式是CH_4，

它的燃燒反應生成物是什麼呢？

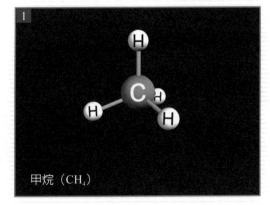

甲烷（CH_4）

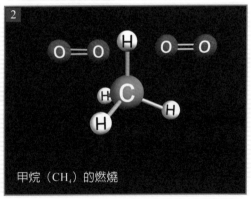

甲烷（CH_4）的燃燒

1. 甲烷由1個碳原子與4個氫原子組成，立體結構如圖所示。

2. 甲烷的燃燒也就是與氧（O_2）進行反應。

140

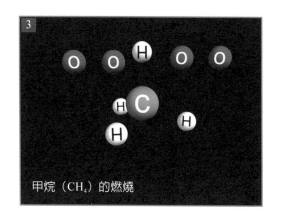

甲烷（CH_4）的燃燒

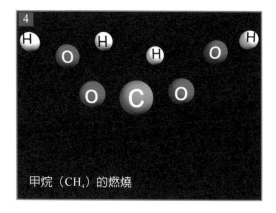

甲烷（CH_4）的燃燒

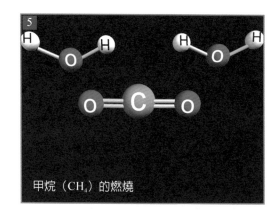

甲烷（CH_4）的燃燒

3. 甲烷分子與氧分子會先分解……

4. 然後重新組合。

5. 最後生成水（H_2O）和二氧化碳（CO_2）。

甲烷的燃燒過程中，2個氧分子移近甲烷分子，

打斷了4個碳氫鍵與2個氧氧鍵，生成4個氧氫鍵、2個碳氧鍵。

產物為2個水分子與1個二氧化碳分子。

動畫5-6：溴水的可逆反應實驗

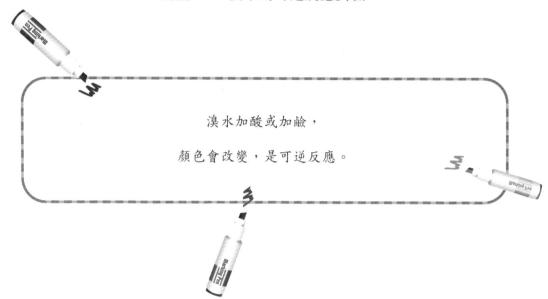

溴水加酸或加鹼，

顏色會改變，是可逆反應。

1. 溴水原本為橙色溶液，稀硫酸與氫氧化鈉溶液為無色溶液。

2. 用滴管吸取鹼性的氫氧化鈉溶液。

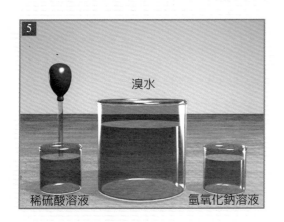

3. 加到溴水中。

4. 溴水的顏色會變淡。

5. 再用滴管吸取酸性的稀硫酸溶液。

6. 加到溴水中。

7. 溴水的顏色會再一次變回原來的橙色。

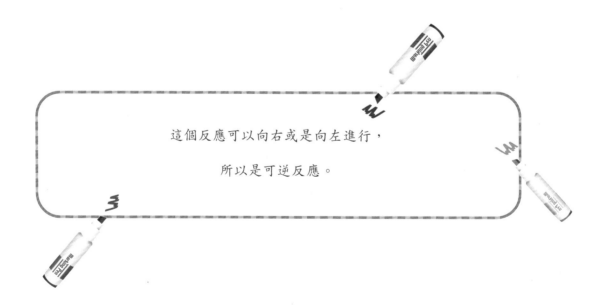

這個反應可以向右或是向左進行，

所以是可逆反應。

動動手・動動腦

活動 ①

先動手

把油溶在酒精裡，然後取這種溶液滴到水中，會在水面上拉開成薄膜，酒精很快就揮發了，留下來的油膜面積很大，厚度很小。

再動腦

你看過油浮在水面上的情形嗎？你是否曾想過，這樣簡單的現象就可以讓我們大約估計出分子的大小？

1. 富蘭克林（Benjamin Franklin, 1706-1790）曾做過一個實驗，和上述活動非常相似，他把約一茶匙的油滴在湖面上，結果發現油在平靜的湖面上擴張成薄膜，他估計面積約有半英畝（1英畝約4,000平方公尺）。假設薄膜的厚度是由一層油分子構成的，試利用富蘭克林的描述來估計油分子的長度（即薄膜厚度）約為多少？（設一茶匙的體積為5 cm³）

2. 假設上題中油的密度為 0.8 g／cm³，油的分子量約為800 g，試求一茶匙的油中約含有幾莫耳油分子？共幾個油分子？

1. 因 $1 \text{ cm}^3 = 0.000001 \text{ m}^3 = 10^{-6} \text{ m}^3$，

    所以厚度＝（5×10^{-6}）／（$0.5 \times 4{,}000$）

    ＝2.5×10^{-9}公尺＝2.5×10^{-7}公分。

    由於原子與分子實在太小了，科學家便制定一個新的長度單位——埃，1埃＝10^{-10}公尺＝10^{-8}公分。一般原子或分子的大小都在數埃到數十埃之間。

    本題中油分子長度可用25埃表示。

2. （5×0.8）／800＝0.005 莫耳，

    油分子有$0.005 \times 6 \times 10^{23} = 3 \times 10^{21}$個。

動動手・動動腦

活動 ②

先動手

1. 點燃一根蠟燭,觀察火焰的顏色及形狀。

2. 取一瓷製小碟,使其凹面放在火焰尖端上方約5公分處,約一分鐘後,觀察小碟凹面上有何現象產生。

3. 另取一瓷製小碟,使其凹面直接觸及火焰中段,約一分鐘後,觀察小碟凹面上有何現象產生。

再動腦

1. 以彩色筆描繪火焰的形狀及各部分的顏色。

2. 在「先動手」2. 中,小碟上出現何種物質?蠟燭是由數種碳氫化合物混合而成,假設蠟燭主要成分的分子式為$C_{20}H_{42}$,試推論整個反應的反應式。

3. 在上述活動步驟2中,小碟上出現何種物質?試推測其原因。

本活動涉及燃燒,
應有成人陪同,
並注意安全。

1. 蠟燭火焰可分為焰心、內焰、外焰三層。焰心是蒸發尚未燃燒的蠟蒸氣；內焰是燃燒不完全的物質，最明亮；外焰是燃燒完全的物質，溫度最高。

2. 小碟上出現的是小水滴。

   反應式為 $C_{20}H_{42} + \dfrac{61}{2} O_2 \rightarrow 20CO_2 + 21H_2O$

   或 $2C_{20}H_{42} + 61O_2 \rightarrow 40CO_2 + 42H_2O$

3. 小碟上出現黑色物質，可能是內焰中燃燒不完全的碳原子附著在小碟上了。

第 **6** 章

魔術館

── 電解質

一杯加了數滴酸鹼指示劑、卻看似透明的水，

如果加入幾滴酸或鹼，就可以變化出六、七種顏色，

這不是一種神奇的魔術嗎？

一杯普通的水，接上電池的兩極，

就能產生兩種不同的氣體，

而這兩種混合氣體，只要遇上火花就會發生爆炸，

這不是一種神奇的魔術嗎？

電視上的運動飲料廣告常說，喝他們家的飲料比喝水更能「解身體的渴」！聽起來很神奇，運動飲料的成分主要就是電解質，電解質真的對人體這麼重要嗎？但是「電解質」這三個字卻又令人摸不著頭緒。

什麼是電解質？它是酸性或是鹼性？在日常生活中有哪些物質是電解質？電解質與我們的身體或是日常生活又有多緊密的關係呢？

6-1 電解質

何謂電解質？化合物溶於水或與水接觸後，如果可以使水溶液導電，我們說這個化合物是電解質，例如：硫酸、氫氧化鈉、硝酸鉀等，都是電解質。相反的，溶於水後不能導電的物質，就叫做非電解質，就像蔗糖、酒精等。

日常生活中的電解質不勝枚舉，但可以大約歸納為三類：酸、鹼、鹽。

煮菜用的醋所含的醋酸（CH_3COOH）、洗馬桶用的鹽酸（HCl）、化學工業產量最多的硫酸（H_2SO_4）等，在化學上都屬於酸。做為建築材料的氫氧化鈣〔$Ca(OH)_2$〕、在紡織業與石油化學業做為鹼性原料的氫氧化鈉（$NaOH$）等也是電解質，在化學上則是屬於鹼類。此外，有鹹味的食鹽，學名稱氯化鈉（$NaCl$），做香腸時用來增色與防腐的硝，學名稱硝酸鉀（KNO_3），也都是電解質，在化學上我們把這類物質稱為「鹽類」。關於酸、鹼的性質，在本章各節中會有詳細介紹。

電解質的解離

電解質是指那些溶於水後會使水溶液導電的物質，但是為什麼電解質水溶液能夠導電呢？

一直到十九世紀末，科學家還是搞不清楚，電解質為什麼能使溶液導電。直到湯木生確定了電子的存在之後，才能具體描述與理解電解質作用的原理。目前對於電解質水溶液的導電，我們可用「解離說」來說明。

電解質溶解於水，會分解成帶電的粒子，稱為離子。帶正電荷的離子叫正離子，帶負電荷的離子叫負離子，而這個分解成離子的步驟，就叫做解離。例如食鹽（氯化鈉）溶解時，會解離成兩種帶電的粒子——氯離子和鈉離子，其中氯離子（Cl^-）帶一個負電荷，鈉離子（Na^+）帶一個正電荷。離子的化學性質與原子完全不同，例如：鈉原子會和水產生激烈的反應生成氫氣，鈉離子卻不會和水起化學作用。

由數個原子結合成的原子團，也可以帶電荷。例如氫氧化鈉在水中解離時，產生的負離子是OH^-，稱為氫氧根離子。另外常見的帶電原子團，還有銨根離子（NH_4^+）、硝酸根離子（NO_3^-）、硫酸根離子（SO_4^{2-}）等。

溶液中，正離子的總電量與負離子的總電量恰好相等，所以水溶液恆為電中性。當硫酸鈉（Na_2SO_4）在水中解離時，解離出帶兩個負電荷的硫酸根離子，及帶一個正電荷的鈉離子，但鈉離子的數量為硫酸根離子的兩倍，所以正負離子的總電量相等，水溶液仍呈電中性。

離子在水溶液中可以自由移動，當水溶液中通以電流時，正

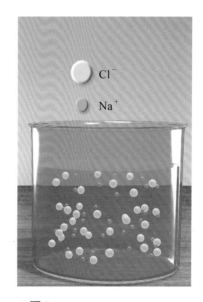

▲圖6-1

氯化鈉溶在水中，會形成帶負電的氯離子與帶正電的鈉離子。

差點畢不了業的阿瑞尼士

提出「解離說」的瑞典科學家阿瑞尼士（Svante August Arrhenius, 1859-1927），從小就是個極聰明的孩子。相傳他在三歲時無師自通，學會認字讀書，二十五歲就已得到博士學位，但他當時的畢業論文卻差點害他畢不了業。

自1881年起，阿瑞尼士即進行電解質導電的研究，他注意到食鹽溶液與蔗糖溶液在某些性質上有顯著的差異。1884年，他提出解離說做為博士論文，主張電解質在水中會解離成帶正電的正離子與帶負電的負離子。由於當時的人仍堅信道耳吞的原子說，認為原子是不可分割的，怎麼可能會失去或得到一部分而帶電？論文審查委員認為這是違反常識的說法，經過冗長的辯論後，才勉強以最低分讓這篇論文過關。

直到1897年，湯木生發現所有原子都含有帶負電的電子時，大家才瞭解，原來阿瑞尼士的看法無誤，正離子是失去電子的原子或原子團，負離子是得到電子的原子或原子團。1903年，阿瑞尼士因解離說得到諾貝爾化學獎，審查委員正巧是當年他的論文指導教授。

▲光碟動畫〈魔術館〉
電解質的導電實驗

離子移向負極，負離子移向正極。這些移動的離子，在水溶液中形成電流，使水溶液能夠導電。

以常見的食鹽爲例，固態食鹽無法導電，這是因爲在固態狀況下，食鹽的正離子（Na^+）與負離子（Cl^-）彼此間的距離太近，吸引力過強，而無法自由移動。然而，若是把食鹽溶於水，再接上電池的正負極，鈉離子與氯離子因爲在水溶液中的距離較遠，彼此的吸引力變小，又受到電流影響，所以會分別朝向正負極移動（見第170頁的「看動畫・學理化」）。

6-2 酸與鹼

　　各種酸類、鹼類及鹽類等可溶性化合物，都是電解質，但到底什麼是酸、鹼、鹽，它們又各有什麼性質呢？

酸是什麼？

　　喝一口檸檬汁，好酸！到底酸有哪些性質呢？科學家經由多次實驗歸納出酸性溶液的數種性質：

⊖酸溶於水中，可使水溶液導電，所以是電解質。

　　因為酸的水溶液可以導電，所以酸的水溶液中一定有離子存在。而到底酸性溶液中的離子有什麼共同點呢？化學家經研究得知：酸性溶液中都存在大量氫離子（H^+），而氫離子是失去一個電子的氫原子。

　　例如，硫酸在水溶液中的解離反應為：

$$H_2SO_4 \rightarrow 2H^+ + SO_4^{2-}$$

醋酸在水溶液中，也有部分醋酸分子會解離成 H^+：

$$CH_3COOH \rightarrow CH_3COO^- + H^+$$

氯化氫溶於水中，形成鹽酸時的解離反應為：

$$HCl \rightarrow H^+ + Cl^-$$

雖然這三種酸性溶液形成的陰離子都不一樣，但都具有相同的陽離子H^+。

不過，並非所有具有氫原子的化合物都是酸。例如甲烷（CH_4）、氨（NH_3）、酒精（C_2H_5OH）等雖然也含氫，但是並不屬於酸，這是因為甲烷、氨、酒精在水中並不能解離出H^+的緣故。

☺ 酸性溶液會使石蕊試紙呈現紅色。

我們在第5章〈積木館〉曾介紹，許多植物的汁液可在酸性與鹼性中呈現不同的顏色，因此科學家便以此為檢驗酸鹼性的藥劑，稱為酸鹼指示劑。其中使用最普遍的一種是由地衣提煉出來的指示劑，稱為石蕊。把紙張吸滿石蕊指示劑後烘乾，即製成石蕊試紙，使用起來比汁液方便。石蕊試紙遇酸液呈現紅色，遇鹼液呈藍色，在中性溶液中則不變色。

▲圖6-2

把酸性溶液滴在藍色石蕊試紙上，試紙會變成紅色。

☺ 把濃酸滴入水中稀釋時，水溫會變高。

濃酸溶於水時，會釋放能量，所以水溫上升，其中最危險的是濃硫酸。稀釋濃硫酸時，要把硫酸緩緩加入水中，而不能把水加入硫酸中，否則瞬間釋放的熱量，會使水沸騰，引發濃硫酸飛濺，非常危險，這在第0章〈走進大門〉介紹過了。

☺ 大部分的稀酸水溶液與鋅或鐵等活性大的金屬反應，會產生氫氣。

酸與活性大的金屬（如鋅、鐵等）反應，會產生氫氣。我們用

簡單的離子反應式，來表示酸與鋅的作用：

$$2H^+ + Zn \rightarrow H_2 （氣體）+ Zn^{2+}$$

這個化學反應式是指，溶液中兩個氫離子與一個鋅原子產生反應時，鋅會把自己的兩個電子給氫離子，變成帶兩個正電荷的鋅離子（Zn^{2+}）；而兩個氫離子獲得電子後，結合成中性的氫分子（H_2）。

◯ 稀酸溶液與碳酸鈣反應，會產生二氧化碳氣體。

碳酸鈣（$CaCO_3$）與酸的反應，我們可以用離子反應式表示：

$$2H^+ + CaCO_3 （固體）\rightarrow CO_2 （氣體）+ Ca^{2+} + H_2O$$

從反應式中，我們可以暸解任何酸性溶液中的H^+，都會使碳酸鈣變成二氧化碳與鈣離子。

工廠排放的廢氣中，常會含微量硫、氮或碳等非金屬氧化物，這些物質溶於空氣中的小水滴，會使小水滴呈酸性，當小水滴變成雨滴落至地面，就是所謂的酸雨。酸雨會侵蝕大理石（含碳酸鈣的岩石）古蹟，反應的過程如同上述的反應式所示。

常見的酸性物質

硫 酸

硫酸（H_2SO_4）是化學工業中最重要的酸，濃硫酸是無色、呈油狀、腐蝕性很大的液體。濃硫酸有強烈的脫水性，餅乾、蔗糖等

▲圖6-3

工廠排放的廢氣，與空氣中的水發生作用，變成酸性物質。這些酸性物質，隨著雨水降下，形成酸雨。

碳水化合物，若與濃硫酸接觸，會脫水而變成黑色的碳。

　　通常我們所用的硫酸，都是稀釋的硫酸水溶液。硫酸加水稀釋時，會放出大量的熱，所以一定要把硫酸緩緩加入水中；如果稀釋硫酸時，把水加入硫酸中，就容易發生爆炸，使溶液四處濺射。

　　硫酸在工業上的用途非常廣泛，肥料、塗料、塑膠、造紙、洗衣粉的製造都要用到硫酸，蓄電池中的電解液也是稀硫酸。一般而言，一個國家化學工業規模的大小，可以用硫酸的消耗量來衡量。

硝酸

　　硝酸（HNO_3）是無色液體，但是遇熱或照光後，常會自行分解出二氧化氮（NO_2），所以硝酸常呈淡黃色。

　　硝酸可與大多數的金屬作用，但是硝酸濃度會影響反應的結果。銅與濃硝酸作用生成二價的銅離子，同時生成紅棕色的二氧化氮氣體；銅與稀硝酸作用時，雖然也會生成二價的銅離子，但不再生成二氧化氮，而是生成無色的一氧化氮氣體。

　　黃金與白金（鉑），雖不溶於硝酸，但可溶解於硝酸與鹽酸的混合溶液（俗稱王水）。濃硝酸可用來製造威力驚人的黃色炸藥（TNT），也可製造多用途的硝酸鉀（KNO_3）。硝酸鉀俗稱硝石，可做為黑火藥、鉀肥料及肉類防腐劑的原料。

鹽酸

　　鹽酸是氯化氫氣體（HCl）溶解於水而成的水溶液，具有刺鼻味。一般家庭多用鹽酸清洗廁所，工業上，稀鹽酸可用於清洗金屬表面，另外鹽酸也是製造聚氯乙烯（PVC）塑膠的原料。

氯化氫極易溶於水中，可由「氯化氫的噴泉實驗」中，清楚的觀察到這個性質（見第172頁的「看動畫・學理化」）。

上方的燒瓶中裝入氯化氫氣體，當少量的水由滴管擠入燒瓶後，氯化氫即快速溶於水中，燒瓶內的氣體減少，氣體壓力減低，下方的燒杯內的水馬上被壓進瓶中，狀如噴泉，而且可繼續噴水至燒瓶快滿為止。本實驗是利用氯化氫易溶於水的性質，其他易溶於水的氣體，例如氨，也可取代氯化氫進行本實驗。

▲光碟動畫〈魔術館〉
氯化氫的噴泉實驗

醋 酸

醋酸（CH_3COOH）可由酒類發酵生成，是無色、刺激性的液體。純醋酸冷卻至17℃左右即凝固，成為無色固體，所以又稱為冰醋酸。醋酸極易溶於水，食醋中約含3～5%的醋酸，其餘為水，可做為調味品。

強酸與弱酸

雖然電解質溶解於水時，都會產生離子，但是各種電解質解離的程度並不一樣。如果某電解質在水中幾乎完全解離，就是強電解質；如果某電解質在水中只有部分解離，則為弱電解質。

硫酸、硝酸、鹽酸溶於水成為稀酸時，幾乎會百分之百解離，所以這三種酸都是強電解質，屬於強電解質的酸稱為強酸。而醋酸在水溶液中，只有部分會解離出氫離子，其餘的醋酸仍保持分子狀態，這樣的物質是弱電解質，弱電解質的酸稱為弱酸。以相同濃度的強酸與弱酸比較時，強酸較易導電，且與活潑金屬反應時，產生氫氣的速率較快；弱酸較不易導電，與活潑金屬反應時，產生氫氣的速率較慢。

▲圖6-4

把鹼性溶液滴在紅色石蕊試紙上，試紙會變成藍色。

鹼是什麼？

常見的鹼類有熟石灰〔$Ca(OH)_2$〕、苛性鈉（$NaOH$）以及氨水（NH_4OH）等。與酸一樣，鹼性溶液也具有一些共同性質：

◎ 鹼性溶液是電解質。

◎ 鹼性溶液會使石蕊試紙呈現藍色。

◎ 可溶解脂肪或油。

◎ 嚐起來有澀味（有些鹼具毒性，請勿嚐試）。

◎ 摸起來具有滑膩感，像肥皂就具鹼性，摸起來也有滑膩感。但強鹼有腐蝕性，不可直接用皮膚去接觸。

根據化學家的研究結果，鹼在水溶液中都會產生氫氧根離子（OH^-）。以氫氧化鉀為例，氫氧化鉀在水溶液中會進行解離：

$$KOH \rightarrow K^+ + OH^-$$

氣態的氨（NH_3）溶解於水中，會形成銨根離子（NH_4^+）和氫氧根離子（OH^-），所以氨也是鹼。

$$NH_3 + H_2O \rightarrow NH_4^+ + OH^-$$

酒精（C_2H_5OH）本身雖然也含有H與OH，但是酒精溶於水並不會解離出H^+或OH^-，所以酒精既不屬於酸也不屬於鹼，也不是電解質。

常見的鹼性物質

氫氧化鈉

氫氧化鈉（NaOH）俗稱苛性鈉，是白色固體，在空氣中易因吸收水氣和二氧化碳而受潮變質，氫氧化鈉溶解於水時會放熱。此外，氫氧化鈉亦是製造肥皂、人造纖維等化學工業的原料。

氫氧化鈉的製法主要是在濃食鹽水通入電流而獲得，這種方法稱為電解，將於第5節中介紹。濃食鹽水電解的反應式如下：

$$2NaCl + 2H_2O \xrightarrow{\text{電解}} H_2（氣體）+ Cl_2（氣體）+ 2NaOH$$

氨

氨（NH_3）是無色、具臭味、比空氣輕的氣體。氨對水的溶解度非常大，所以與氯化氫一樣，可以進行「噴泉實驗」。氨溶於水所得到的溶液稱為氨水，會呈鹼性反應。氨水稀釋後有殺菌作用，可做為家庭清潔劑。氨可以製成硫酸銨做為肥料，另外氨與二氧化碳作用可生成尿素，是肥料及許多塑膠（如泡綿）的原料。

氫氧化鈣

氫氧化鈣〔Ca(OH)_2〕又稱熟石灰，是容易取得而且便宜的鹼性物質，可用於建築等用途。

要製備熟石灰，可以把灰石（主要成分為碳酸鈣，CaCO_3）在石灰窰中加熱到約800℃，灰石會因此分解成二氧化碳及氧化鈣（CaO，俗名生石灰）：

$$CaCO_3 \xrightarrow{\quad 800^{\circ}C \, 加熱 \quad} CaO + CO_2$$

生石灰加水，就會生成鹼性的氫氧化鈣溶液，反應式如下：

$$CaO + H_2O \rightarrow Ca(OH)_2$$

6-3 酸與鹼的濃度

含3～5%醋酸（CH_3COOH）的食用醋可供飲用，但濃度接近100%的冰醋酸，卻會腐蝕皮膚。濃度高低會影響酸、鹼的表現。

溶液的濃度

溶液濃度的表示法，最簡單的便是「重量百分率濃度」，計算公式如下：

$$重量百分率濃度(\%) = \frac{溶質質量}{溶液質量} \times 100\%$$

$$= \frac{溶質質量}{溶質質量 + 溶劑質量} \times 100\%$$

▲圖6-5

酒類的標示濃度，通常是體積百分率濃度，不等於重量百分率濃度。

例如，10公克的食鹽溶於90公克的水中，那麼這溶液的重量百分率濃度為10／（10＋90）＝10%。重量百分率濃度的計算要訣，是把溶質與溶劑都以質量來計算。

一般市售酒類標示的酒精濃度是「體積百分率濃度」。體積百分率濃度為59%的高粱酒，重量百分率濃度並不等於59%，這是

因為溶質（酒精）與溶液（高粱酒）的密度並不相等。

另一種常用的濃度表示法是「莫耳濃度」，又稱「體積莫耳濃度」，是指「1公升溶液中，含有的溶質莫耳數」，算法為：

$$莫耳濃度(M) = \frac{溶質莫耳數}{溶液體積（公升）}$$

水的解離與pH值

純水是非常弱的電解質，解離反應式為

$$H_2O \rightleftharpoons H^+ + OH^-$$

在25℃時，$[H^+] \times [OH^-] = 10^{-14}$。若水溶液屬中性，則 $[H^+] = [OH^-] = 1.0 \times 10^{-7}$ M。換句話說，在25℃時，每公升的純水會解離出10^{-7}莫耳的H^+與OH^-，即H^+與OH^-的莫耳濃度均為10^{-7} M。這個反應式中的雙箭頭，代表這個反應為可逆反應。

水溶液的酸鹼度有一種簡便的表示法，稱為pH值。pH值與氫離子的濃度有關。

$$pH = \log \frac{1}{[H^+]} = -\log[H^+]$$

$$[H^+] = 10^{-pH} \text{ M}$$

$[H^+]$表示氫離子濃度。在25℃的中性水溶液中，$[H^+] = [OH^-] = 10^{-7}$ M，pH＝7；在酸性水溶液中，$[H^+] > [OH^-]$，$[H^+] > 10^{-7}$ M，即pH＜7；在鹼性水溶液中， $[H^+] < [OH^-]$，$[H^+] < 10^{-7}$ M，即pH＞7。

例如在25℃時，若某種水溶液的 $[H^+] = 10^{-6}$ M，因為 $[H^+] \times [OH^-] = 10^{-14}$，所以 $[OH^-] = 10^{-8}$ M，此時 $[H^+]$ 是 $[OH^-]$ 的100倍，所以溶液是酸性。若從水溶液的pH值為6來看，pH＜7，也可以明確知道溶液是酸性。

如果在純水中加入某物質，結果對水中氫離子與氫氧根離子的濃度並沒有發生影響，那麼這個物質應該是中性的，像是食鹽、糖等，都屬於中性物質。但如果在水中加入酸性物質，會使得水中氫離子增加、氫氧根離子減少，水溶液會變成酸性；相反的，如果在水中加入鹼性物質，會使水中氫氧根離子增加、氫離子減少，水溶液會變為鹼性。

酸鹼指示劑

許多植物中所含的有機色素，在不同的pH值下會呈現不同的顏色，例如地衣中的石蕊色素，在酸性溶液中呈現紅色，而在鹼性溶液中呈現藍色。另外常用的酸鹼指示劑還有酚紅與酚酞，它們在酸中或鹼中顏色的變化，列在表6-1中。

指示劑	酸性溶液中的顏色	鹼性溶液中的顏色	變色pH範圍
石蕊	紅	藍	4.5 ～ 8.3
酚紅	黃	紅	6.4 ～ 8.2
酚酞	無	紅	8.3 ～ 10

表6-1▶

常用的酸鹼指示劑

注： 1. pH值是可以有小數的。若某水溶液的氫離子濃度介於0.01 M與0.001 M之間，則pH值在2與3之間。

2. 石蕊變色範圍在pH 4.5～8.3，意思是說，在pH值小於4.5時，石蕊呈紅色；在pH值大於8.3時，石蕊呈藍色；pH落在4.5與8.3之間時，石蕊呈中間顏色，不容易明確判斷究竟為紅色或藍色。

6-4 酸鹼中和

當酸與鹼相遇，會發生化學反應，產生鹽類與水，並釋放出熱，這個過程稱為酸鹼中和。一般而言，酸鹼中和反應可寫成下列的形式：

$$酸 + 鹼 \rightarrow 鹽 + 水$$

例如，當鹽酸（HCl）這種強酸與氫氧化鈉（NaOH）這種強鹼混合時，會產生食鹽（NaCl）與水，反應式為：

$$HCl + NaOH \rightarrow NaCl + H_2O$$

如果加入的氫氧化鈉與鹽酸的莫耳數一樣多時，鹽酸解離出的氫離子與氫氧化鈉的氫氧根離子會完全中和成水，若把水分完全蒸乾，會得到食鹽（見第174頁的「看動畫・學理化」）。

當鹽酸與氫氧化鈉水溶液混合後，如果用手輕觸裝有混合液的燒杯外壁，可以感覺燒杯微微發熱，這是反應放熱的緣故，也是酸鹼中和必會產生的現象。

同樣的，如果強鹼與弱酸進行中和反應，一樣可以放出熱量。例如氫氧化鈣〔Ca(OH)$_2$〕與醋酸〔CH$_3$COOH〕反應後生成的鹽類是醋酸鈣〔Ca(CHCOO)$_2$〕，化學反應式如下：

$$2CH_3COOH + Ca(OH)_2 \rightarrow Ca(CHCOO)_2 + 2H_2O$$

▲光碟動畫〈魔術館〉
酸鹼中和實驗

反應物中的氫氧化鈣與產物中的醋酸鈣都是強電解質，在水中會完全解離，所以把這兩種物質寫成解離的形式：

$$2CH_3COOH + Ca^{2+} + 2OH^- \rightarrow 2H_2O + Ca^{2+} + 2CH_3COO^-$$

再把矢號兩端相同的物質消去，這種方程式稱為離子方程式：

$$2CH_3COOH + 2OH^- \rightarrow 2H_2O + 2CH_3COO^-$$

6-5　電流的化學反應

氫氣在空氣中燃燒會產生水，是因為氫會與空氣中的氧結合成水，化學反應式如下：

$$2H_2 + O_2 \rightarrow 2H_2O$$

如果在水中通入電流，根據實驗結果，可以把水分解成氫氣與氧氣，這種因為輸入電能而引起的化學反應，稱為電解（見第177頁的「看動畫・學理化」）。

$$2H_2O \xrightarrow{\text{電解}} 2H_2 + O_2$$

不過純水很難導電，因此我們必須在水中添加少許的電解質（如氫氧化鈉），來幫助水進行導電。

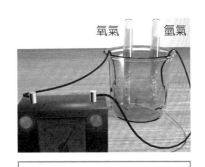

氧氣　　氫氣

▲光碟動畫〈魔術館〉
水的電解反應實驗

水經過電解，在正、負極會分別收集到體積比為1：2的氣體。我們如何知道收集到的這些氣體，究竟是不是氧氣與氫氣呢？

我們可以從以下簡單的檢測方法推知。把兩極試管加上橡皮塞後，由水中取出，然後把燃燒中的火柴，移至負極試管口，迅速打開橡皮塞，會產生爆鳴聲，且瓶口處出現淡藍色火焰，證明負極收集到的氣體是氫。把剛吹熄仍有餘燼的火柴，移至正極試管口，迅速打開橡皮塞，把火柴伸入試管內，會發現火柴復燃，且火焰明顯較在空氣中燃燒旺盛，證明了正極收集到的氣體是氧。

再舉另一個電解反應的例子。以碳棒（石墨）為電極，電解硫酸銅（$CuSO_4$）水溶液，通入電流時，銅離子（Cu^{2+}）因帶正電而受負極吸引。銅離子移至負極，得到電子，形成金屬銅覆蓋負極碳棒（見第180頁的「看動畫‧學理化」）；水在正極電解生成氧氣，釋出氫離子，整個水溶液pH值降低，正極釋出的氫離子與溶液中本來就存在的硫酸根混合，形成硫酸水溶液。這個電解的化學反應式為：

▲光碟動畫〈魔術館〉
硫酸銅水溶液的電解實驗

$$2CuSO_4 + 2H_2O \rightarrow 2Cu + 2H_2SO_4 + O_2$$
　　　　　　　　　　（負極）　　　　　（正極）

6-6 電鍍

腳踏車的把手、眼鏡的框架、鑰匙圈、手錶上，經常都有一層閃閃發亮的金屬。不僅更加美觀，而且可以防鏽。這層金屬是特別電鍍上去的，電鍍簡單來說，就是「利用電解反應，把一種金屬鍍於另一種物質表面」的化學反應。

電鍍時，要先把「被鍍物」接在負極，「擬鍍金屬」接在正極，選擇含有擬鍍金屬的可溶性鹽類做為電鍍液的電解質。如果想把鑰匙鍍上一層銅，就把鑰匙接在負極，銅片置於正極，用硫酸銅溶液當電解質溶液，通入直流電。等上一會兒，溶液中的銅離子（Cu^{2+}）會往負極移動，在接受兩個電子之後以金屬銅（Cu）狀態析出，附著在鑰匙上：

$$負極反應：Cu^{2+} + 2e^- \rightarrow Cu$$

同時，正極的銅片會失去2個電子，變成銅離子溶於溶液中：

$$正極反應：Cu \rightarrow Cu^{2+} + 2e^-$$

這個反應如果繼續下去，正極的銅片將會漸漸溶解成Cu^{2+}，負極的物品表面則漸漸被析出的Cu包起來，時間愈久，被電鍍物表面的包覆厚度就會愈厚。雖然正、負兩極的銅一消一長，但是硫酸銅溶液（電鍍液）的濃度（Cu^{2+}的濃度）既不會增加也不會減少，始終保持一定（見第182頁的「看動畫‧學理化」）。

電鍍原理還可用來精煉金屬的純度。例如電線電纜用的銅，純度必須在99.95%以上，但是粗銅的純度僅達99.0%。為了提煉高純度的銅，可以把粗銅連接在電解槽正極，槽中放置適當的電解液（硫酸銅溶液），負極連接一片純銅片。通電之後，正極的粗銅逐漸溶解，溶液中的銅離子慢慢析出在負極的純銅片上，而粗銅中的雜質會沈入槽底。這種方法稱為電煉，製得的銅純度高達99.95%。

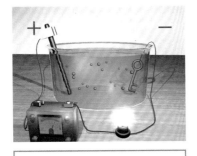

▲光碟動畫〈魔術館〉
電鍍實驗

看動畫・學理化

動畫6-1：電解質的導電實驗

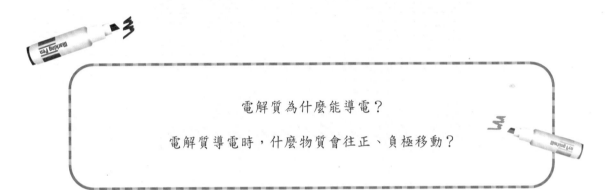

電解質為什麼能導電？

電解質導電時，什麼物質會往正、負極移動？

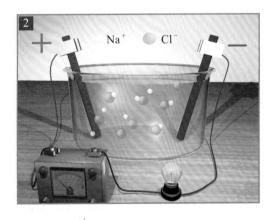

1. 把食鹽溶於水中，會解離成鈉離子與氯離子。

2. 把正、負電極放入水溶液中。

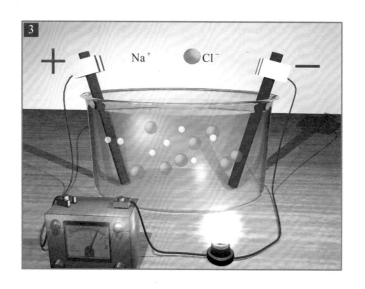

3. 通電後，鈉離子朝負極移動，氯離子朝正極移動。

食鹽溶於水，

氯化鈉在水中會解離成帶正電的鈉離子以及帶負電的氯離子，

當我們在水溶液中通入直流電，

負離子與正離子將分別朝向正、負極移動。

動畫6-2：氯化氫的噴泉實驗

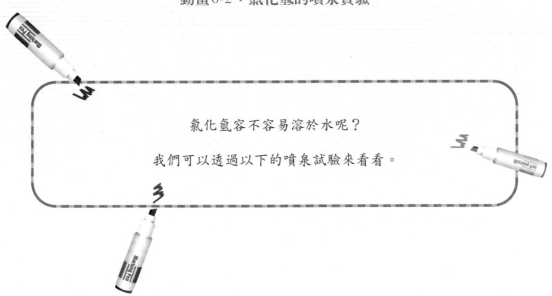

氯化氫容不容易溶於水呢？

我們可以透過以下的噴泉試驗來看看。

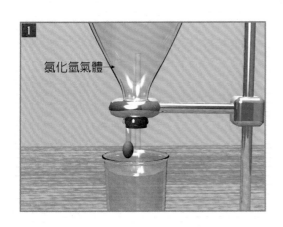
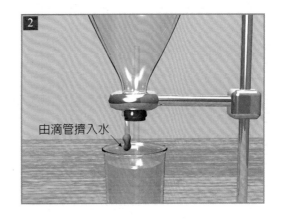

1. 上方燒瓶裡裝著氯化氫氣體，下方燒杯中裝著水。
2. 然後擠壓滴管，讓滴管裡的水進到上方燒瓶中。

3. 當少量的水由滴管擠進燒瓶後，由於氯化氫會快速溶於水中，所以燒瓶裡面的氣體減少，同時使得氣體壓力降低。

4. 這會導致下方燒杯內的水被吸進玻璃瓶中，形成噴泉。

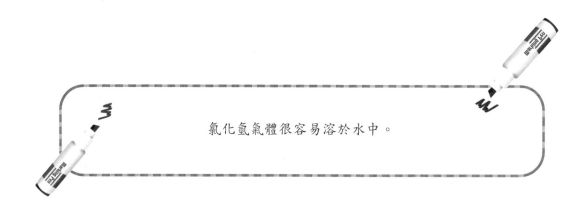

氯化氫氣體很容易溶於水中。

動畫6-3：酸鹼中和實驗

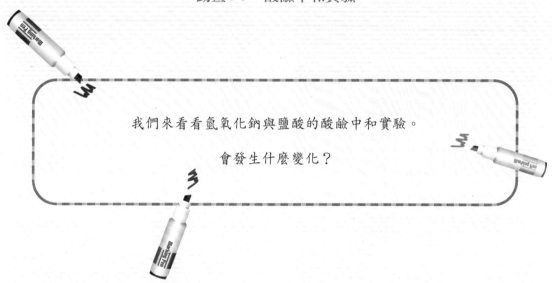

我們來看看氫氧化鈉與鹽酸的酸鹼中和實驗。

會發生什麼變化？

倒入HCl溶液

| 1. 在蒸發皿中倒入稀鹽酸。
| 2. 放入溫度計，顯示反應前的溫度是29℃。

3. 加入氫氧化鈉溶液。

4. 水溶液溫度上升至43℃，顯示酸鹼中和會放出中和熱。

5. 把中和後的水溶液加熱。

6. 待水分蒸乾後，會出現食鹽晶體。

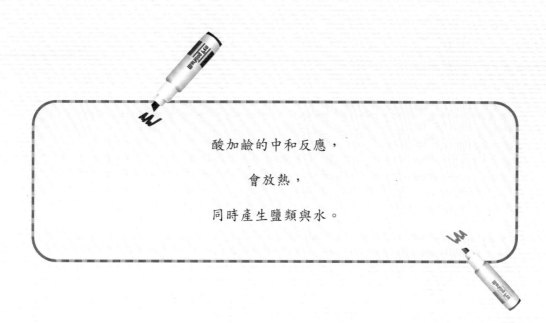

酸加鹼的中和反應，

會放熱，

同時產生鹽類與水。

動畫6-4：水的電解反應實驗

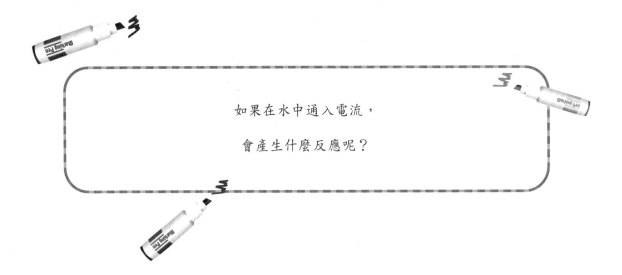

如果在水中通入電流，

會產生什麼反應呢？

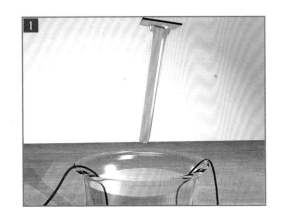

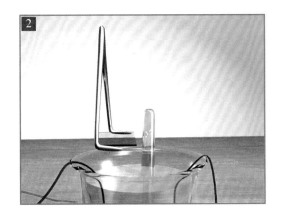

1. 水中先加入少量氫氧化鈉幫助導電。接著把試管裝滿水，蓋上玻璃。
2. 把試管倒置放入燒杯中，用鑷子拿出玻璃。總共需要兩根試管。

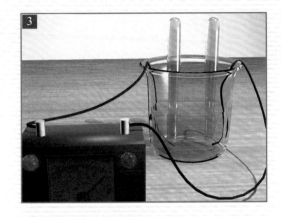

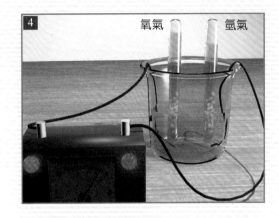

3. 把正、負極分別連到兩根試管。

4. 通電，進行電解。左邊（正極）試管收集到的氣體是氧，右邊（負極）試管中得到的氣體是氫。把兩根試管取出，分別進行檢驗。

5. 左邊試管中的氧，由於密度比空氣大，所以我們把試管倒放。在試管口放置剛熄滅、仍有餘燼的火柴。

6. 火柴的火焰會變大，但試管口沒有火焰。可見氧可以助燃，但不可燃。

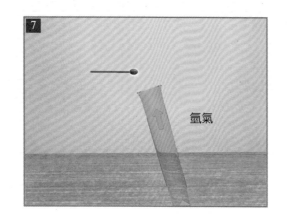

氫氣

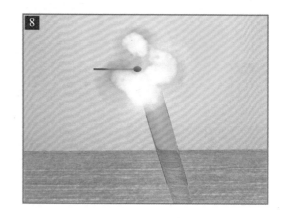

7. 右邊試管中的氫，因為密度比空氣小，我們把試管正放。在試管口放置點燃的火柴。

8. 試管口出現火焰，同時有爆鳴聲。可見氫可燃，但不助燃。

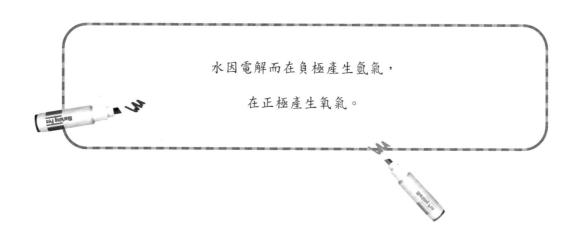

水因電解而在負極產生氫氣，

在正極產生氧氣。

動畫6-5：硫酸銅水溶液的電解實驗

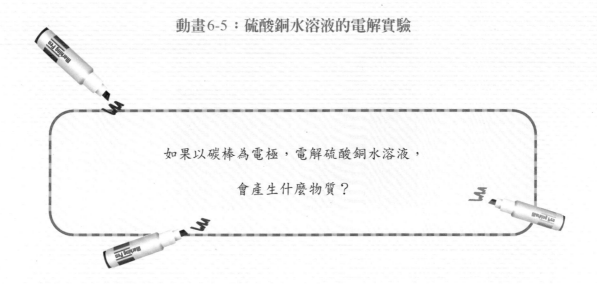

如果以碳棒為電極，電解硫酸銅水溶液，

會產生什麼物質？

硫酸銅水溶液

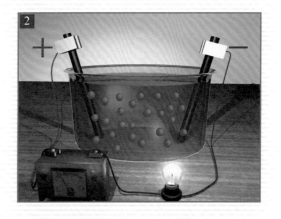

1. 電解質在水中會解離成帶正電的正離子與帶負電的負離子，我們以圖中藍色粒子代表帶正電的銅離子，硫酸銅溶液呈藍色，是因為銅離子的緣故。硫酸銅水溶液中另有帶負電的負離子，因為它未參與反應，我們就不把它標示在動畫中。
2. 放入兩根碳棒當作電極，通入直流電。

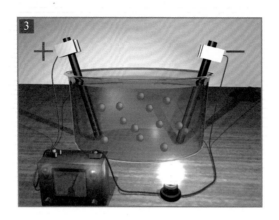

3. 銅離子移向負極，析出紅色的銅，注意負極碳棒的顏色愈來愈紅，就是因為上面附了純銅。而且因為銅離子一直消耗掉，所以溶液的藍色也愈來愈淡。

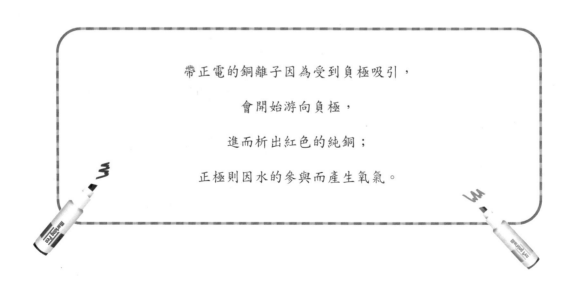

帶正電的銅離子因為受到負極吸引，

會開始游向負極，

進而析出紅色的純銅；

正極則因水的參與而產生氧氣。

動畫6-6：電鍍實驗

電鍍就是利用電解原理，

把某種金屬鍍在負極上的另一種物質表面。

硫酸銅水溶液

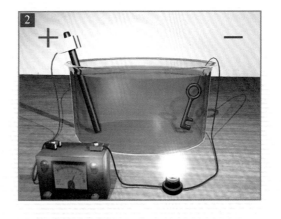

1. 因為我們打算在鑰匙上鍍銅，必須以含銅離子的硫酸銅水溶液做為電解質。

2. 鑰匙是被鍍物，要接電池的負極，銅棒要接正極。開始通電。

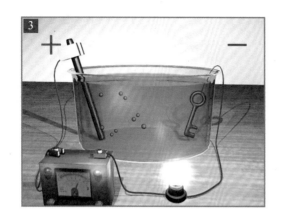 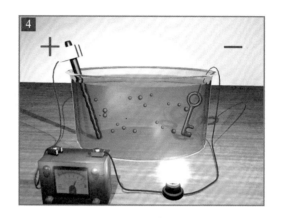

3. 動畫中的藍色粒子代表銅離子，硫酸銅水溶液中另有帶負電的負離子，因為它未參與反應，我們就不把它畫出來了。通電後，帶正電的銅離子會移向負極，在鑰匙上析出……

4. 因此我們發現在鑰匙上漸漸出現紅色的金屬。

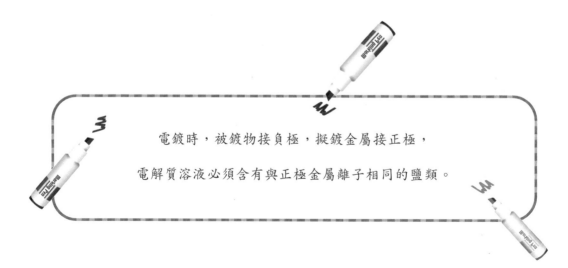

電鍍時，被鍍物接負極，擬鍍金屬接正極，

電解質溶液必須含有與正極金屬離子相同的鹽類。

動動手・動動腦

先動手

1. 到菜市場買紅鳳菜少許，把菜葉撕碎放入泡茶的玻璃杯中，以熱水沖泡，靜置待其冷卻。

2. 泡好的菜汁倒入3個杯子，每杯的量約5 mL左右。在第一杯中滴上數滴醋，觀察菜汁顏色，此即為酸性顏色；在第二杯中加入洗衣粉一小撮，觀察菜汁顏色，此即為鹼性顏色；第三杯不加任何物質，做為中性顏色。

3. 取日常生活中物質數種，如牙膏、胃散、果汁、清潔劑（洗碗精、洗面乳、玻璃清潔劑等）、飲料（汽水、咖啡等），分別加入數滴紅鳳菜汁，觀察菜汁顏色。與 2. 的顏色相比，你可以判斷哪些是酸性物質，哪些是鹼性物質或是中性物質？

再動腦

1. 根據研究，當口腔呈現酸性時較易蛀牙，根據以上活動結果，你認為哪些食物容易使人蛀牙？

2. 當口腔因殘留食物殘渣而呈酸性時，應採取何項措施來保護牙齒？

先動手

酸性物質：果汁、汽水、可樂、咖啡等。

鹼性物質：牙膏、胃散、洗衣粉、清潔劑、肥皂等。

再動腦

1. 果汁、汽水、可樂、咖啡。

2. 立即漱口或用牙膏刷牙。

電解質

第 7 章

彩虹球池

—— 碳化學

你曾在遊樂場的彩虹球池玩過嗎？

池子中裝滿了各種彩色的小球，

整個人可以陷在裡面任意躺臥，或把小球扔向同伴。

為什麼這些球如此柔軟又有彈性？為什麼這些球不會腐壞？

這些小球是由什麼材料製成的呢？

要解開這些謎團，要先瞭解含碳的化合物，

以及由此類化合物製成的聚合物。

菜燒焦了會變黑，麵包烤焦了會變黑，用鋁箔把竹筷包起來加熱，竹筷子也會變黑。這些物質遇熱後會變黑，主要是因為它們都含有碳元素。

所有含碳的化合物，除了少數例外，都稱為有機化合物。雖然有機化合物都含有碳，但是某些有機化合物，受熱後並不一定會變黑，例如汽油或瓦斯中的數種有機化合物，燃燒完全後，並不會有黑色的物質出現。

油脂也是有機化合物。油脂經過處理後，可製成肥皂，洗除油汙。用油脂來洗去油脂，聽起來有點不可思議，但事實的確如此。此外，生活中處處可見的塑膠，也是由有機化合物所形成的巨大分子！

7-1 有機化合物

古人認為，有機化合物是與生命現象有關的化合物。但是由於現代化學技術的改進，有機化合物的定義已經修正為「含碳的化合物」。不過，仍有少數含碳的化合物屬於無機化合物的範疇，像是碳的氧化物（如CO_2、CO）、碳酸鹽類（如$CaCO_3$、Na_2CO_3等）或氰化物（如$NaCN$、KCN等），它們雖然含碳，但並不是有機物。

有機化合物中除了含有碳元素外，通常還會有氫元素，有些有機化合物可能還含有氧、氮、硫等元素，如醋酸（CH_3COOH）與甲基胺（CH_3NH_2）等都是有機化合物。

有機化合物的數目比無機化合物多，已知的有機化合物已逾數百萬種，而且每年都會有許多新合成的有機化合物出現。

有機化合物的數目之所以遠比無機化合物多，是因為碳原子

不但可以和氫、氧、氨、氯、氮、硫、磷等許多原子直接連結，而且碳原子彼此間還可以互相連結後，再與不同類原子連結。因原子排列方式的多樣化，就可能表現出千變萬化的性質，所以有機化合物的種類繁多。

7-2 常見的有機化合物

我們的日常生活離不開有機化合物，汽車用的汽油、煮菜用的天然瓦斯、宴會上喝的酒與提味用的醋等，都是含有機化合物的混合物。這些有機化合物，有些是本來即存在自然界，只要去開採就可以得到，有些則是要用化學方法製造出來。

石油與天然氣

汽油是從石油提煉出來，而瓦斯則是採集天然氣得到的。那麼，石油和天然氣是如何形成的？

遠古時代的生物死亡後，與泥沙沉積在地底，會漸漸分解，同時大部分的氧、氮等元素會逐漸逸失，剩下由碳和氫結合成碳氫化合物，再因溫度、壓力及細菌的影響，促成化學反應，最後逐漸形成黏稠的原油與氣態的天然氣。

石油與天然氣都是混合物，是各種碳氫化合物的混合，而且還含有少量的硫、氮和氧等元素，成分複雜，沒有辦法直接利用，必須要經過純化提煉。

原油開採後，送入煉油廠提煉。煉油廠利用混合物中個別成分沸點不同的特性，把原油中的成分以「部分蒸餾」的方式提煉出來，這種方式又簡稱為分餾。為什麼叫做部分蒸餾呢？因為石油中

▲圖7-1

我們的衣食住行常用得到有機化合物，汽機車所用的汽油就是一種含有機化合物的混合物。

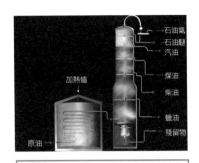

▲光碟動畫〈彩虹球池〉
原油的提煉

的成分太複雜，且各成分間的沸點差距太小，我們無法以一般蒸餾方法得到純物質，只好切成數個沸點範圍，例如20～70℃、70～200℃、200～300℃等，每一個溫度範圍蒸餾出來的都是混合物，而非純物質，這種蒸餾法稱為部分蒸餾。分餾出來的石油成分，可以做為各種燃料用油及工業原料（見第198頁的「看動畫·學理化」）。

酒 精

酒精的學名是乙醇（「乙」指分子中含兩個碳），化學式為C_2H_5OH，是易燃的無色液體。酒精是實驗室常用的燃料與溶劑，也是重要的工業原料，有殺菌作用，可當成消毒劑。

與酒精同樣有$-OH$原子團的有機化合物，通常屬於醇類，醇類的通式為「$C_nH_{2n+1}OH$」，如丙醇（C_3H_7OH）、丁醇（C_4H_9OH）等（「丙」、「丁」各指分子中含3與4個碳）。

酒是利用醣類與酵母菌發酵而成，是水與酒精的混合物。由於政府對酒類課稅很重，為避免有人以便宜的工業酒精製造假酒，於是工業酒精中會添加有毒的甲醇。甲醇俗稱木精，化學式為CH_3OH（「甲」指分子中含1個碳），這種加了有毒物質而無法食用的酒精，叫做「變性酒精」。變性酒精通常會加入有色的染料，來與食用酒精區別，因此，實驗室中做為燃料的酒精往往染成紅色。不過，仍有不肖商人把工業酒精中的染料除去後，製成假酒，但因甲醇仍未除去，所以若有人誤食這種假酒，會導致失明，嚴重時甚至會喪命。

在第201頁的「看動畫·學理化」中，可以看到甲醇與乙醇的立體結構。

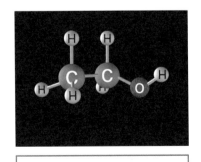

▲光碟動畫〈彩虹球池〉
常見有機化合物的結構

知識補充

92、95、98 汽油是什麼？

石油分餾出來的成分中，有一部分可做為汽機車燃料，通稱為汽油。汽油本身是混合物，隨著成分不同，性質也不同。汽油在引擎內燃燒，其實是一種爆炸，往往造成很大的震動，稱為爆震，會對引擎造成傷害。由於汽油是混合物，只要改變成分或比例，即可能改變爆震程度，為了表示各種不同配方的汽油的抗震程度，規定了一套量度的標準稱為「辛烷值」。異辛烷的抗震力良好（「辛」指分子中含8個碳），科學家規定它的辛烷值為100；正庚烷的抗震力不好（「庚」指分子中含7個碳），科學家規定它的辛烷值為0。如果某一種汽油的抗震能力，相當於異辛烷與正庚烷體積比95：5的混合物，這種汽油的辛烷值就是95。

早期的科學家為了減少引擎震動，嘗試改變汽油的配方。到了1920～1930年間，科學家發現只要在汽油中添加少數化合物，就可以減少引擎的震動，這些化合物稱為抗震劑，例如酒精即是一種抗震劑。各種抗震劑中，以四乙基鉛最為便宜有效，於是由廠商在提煉石油的過程中，直接添加四乙基鉛，結果雖然減少了引擎的震動，卻在引擎內累積了大量的鉛與氧化鉛，必須再添其他化學藥品，使鉛從引擎中排出。但含鉛的化合物從汽機車的排氣管排出後，卻又造成了空氣中的鉛汙染。為了兼顧抗震與環保，科學家開發了數種不需要添加四乙基鉛的抗震配方，凡是未添加四乙基鉛的汽油統稱為「無鉛汽油」。

現在加油站的汽油常區分為92、95或98無鉛汽油。所謂的98無鉛汽油，指的是「辛烷值」達98且未添加四乙基鉛的石油。值得一提的是，選用不同辛烷值的汽油時，要考慮引擎的構造，而不是一味追求高辛烷值。

有機酸與酯類

醋酸的學名是乙酸，化學式為CH_3COOH，我們在第6章〈魔術館〉中已介紹過它的性質。與醋酸同樣有$-COOH$原子團的化合物，通常屬於有機酸類，通式為「$C_nH_{2n+1}COOH$」，其水溶液皆呈酸性，例如甲酸（$HCOOH$）、丙酸（C_2H_5COOH）等。

有機酸會與醇類發生反應，產生酯和水，這種反應我們稱為「酯化」。

$$有機酸＋醇 \xrightarrow{\text{無機酸（催化劑）}} 酯＋水$$

例如冰醋酸與乙醇混合，滴入濃硫酸，加熱後，即產生乙酸乙酯（$CH_3COOC_2H_5$）。

只要把有機酸分子中的$-COOH$換成$-COOC_mH_{2m+1}$，就成為酯類的分子，酯類的通式為「$C_nH_{2n+1}COOC_mH_{2m+1}$」。分子中碳原子數目較少的酯，具有香味，是花香及水果香味的主要成分。

7-3 聚合物

由許多簡單的小分子（或稱單體）連結而成的巨大分子化合物，我們稱為聚合物，又稱為高分子化合物。聚合物的分子量通常相當大，可包含數萬甚至數十萬個以上的原子，有的為鏈狀結構，有的則呈網狀結構。絕大多數的聚合物，都是有機化合物分子聚合而成的。

蛋白質、澱粉、橡膠、塑膠等，都是常見的聚合物，其中有

些是天然聚合物，有些是合成聚合物。

　　天然聚合物常存在於生物體內，像蛋白質、澱粉、纖維素、天然橡膠等。人工聚合物的種類也很繁多，像聚乙烯（PE）、聚氯乙烯（PVC）、保利龍、合成纖維、合成橡膠等。

常見的天然聚合物

⊖ 澱粉

澱粉由葡萄糖聚合而成，存在於米、小麥、馬鈴薯、高粱、玉米、綠豆等植物中，是人類的主食。澱粉經唾液中的酵素或胃酸作用，可分解為葡萄糖，是人類活動所需能量的來源。澱粉遇到碘液時，會呈藍黑色，這是檢驗澱粉最簡便的方法。

⊖ 纖維素

纖維素也是由葡萄糖分子聚合而成，存在於水果、樹木、蔬菜等植物中，草食性動物可以消化纖維素，人類則無法消化纖維素。富含纖維素的食物（如蔬菜、水果等）反而成為有益人體健康的食品，因為纖維素會刺激胃腸加強蠕動，對消化及排泄有幫助。同時纖維素容易使人有飽足感，但其實又吸收不到熱量，因此常被宣傳成具有減肥功效。

▲圖7-2
水果中含量豐富的纖維素，就是一種天然聚合物。

⊖ 蛋白質

蛋白質由胺基酸聚合而成，胺基酸的主要成分為碳、氫、氧、氮等元素，有些蛋白質尚含有磷、硫、銅、鐵等元素。存在魚肌肉、毛髮、蛋類等動物組織裡的蛋白質，稱為動物性蛋白質；存在於水稻、小麥、玉米等植物中的蛋白質，稱為植物性

蛋白質：蛋白質是構成生物體的必要物質。蛋白質分子在高溫、酸性、鹼性或有機溶劑中都可能發生變質。所以吃半生不熟的牛排，能吸收較多蛋白質的營養；但若肉類有細菌或病毒（細菌與病毒也含有蛋白質），一定要經高溫煮熟，才能殺死細菌及病毒。

🙂 天然橡膠

來自橡膠樹，高溫變黏軟，低溫則硬脆。天然橡膠本身用途不大，需加入適量的硫，使彈性增加；若加入碳，則可增加耐磨性，可用以生產輪胎，因此輪胎大多是黑色的。

常見的合成聚合物

🙂 耐綸

又稱尼龍，是人類最早利用的合成纖維，比天然纖維不易著火，質地強韌而富彈性。耐綸產品剛推出市面時，曾被宣傳成「纖細如蜘蛛絲，強韌如鋼絲」，雖略嫌誇大，但正可點出耐綸光滑柔細卻強韌的特性。耐綸可以用來製造網球拍線、釣魚線、絲襪、衣服、拉鏈等。

🙂 聚乙烯

由碳與氫組成的長鏈狀分子，具不透水性，可用來製造水管、保鮮膜、塑膠瓶、塑膠袋、雨衣及絕緣材料。

🙂 聚氯乙烯

抗腐蝕、不導電、易染色。從第203頁的「看動畫・學理化」可

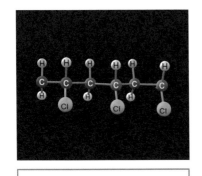

▲光碟動畫〈彩虹球池〉
聚氯乙烯的結構

可製成任意形狀的塑膠

有一類合成聚合物，在適當條件下，可製成任何形狀，這類合成聚合物通稱為塑膠。塑膠依結構可分為鏈狀聚合物及網狀聚合物。

鏈狀聚合物是以小分子連接成很長的鏈狀，這樣的結構在加熱後通常很容易熔化，冷卻後會硬化成形，所以稱為「熱塑性塑膠」。因為具備可以熔化再塑的性質，所以這類塑膠製品可以回收、重複使用，像保特瓶、尼龍製品、塑膠垃圾袋等。

如果以小單體連接成網狀聚合物，這樣的聚合物在高溫時，不易熔化變形，稱為「熱固性塑膠」。這種塑膠因耐熱，常做為耐高溫的材料。

以看到聚氯乙烯的結構。最早製造聚氯乙烯的工廠在生產十年後，發現許多員工得到癌症。經過研究，才瞭解聚氯乙烯受熱至148℃時，會產生有毒氣體，因此聚氯乙烯不適合做為包裝食品的保鮮膜，現在大多做為電線被覆。

7-4 皂化

衣服沾上油汙時，用清水怎麼搓都洗不掉，但是用肥皂就可以輕鬆把油汙去除，為什麼肥皂有這種神奇的功效呢？

肥皂的製作方法，是把油脂（如豬油、椰子油等）與鹼性物質（如氫氧化鈉）一起煮，油脂會發生化學變化，也就是皂化反應，而產生肥皂。然後加入濃食鹽水，肥皂因不溶於鹽水、且密度比濃鹽水小，所以會浮在上層，與其他成分分離，這個步驟叫鹽

析。把肥皂自鹽水中撈起後，視肥皂的種類，再經過染色、添加香料或藥劑等加工程序，最後經切割或壓模，就成為日常生活所見的洗衣皂、香皂或藥皂。

　　肥皂由油脂與氫氧化鈉反應而成，油脂屬於有機化合物，氫氧化鈉屬於無機化合物，反應後產生的肥皂（脂肪酸鈉），則屬於有機化合物中很特殊的一類，稱為「有機金屬」。有機金屬的分子是長鏈狀的有機分子，但末端具有鹽類的原子團。

　　肥皂分子中，有機分子構成的長鏈稱為「親油端」，易溶於油，但不易溶於水；而鹽類的一端是親水性的原子團，稱為「親水端」，易溶於水，但不易溶於油。用肥皂洗滌衣物時，肥皂溶於水後，親油端會吸住衣物上的油汙，再由親水端把油滴牽入水中，一沖水，油汙就與衣物分離，最後達到洗淨效果。

　　我們日常用的洗衣粉、洗碗精等，統稱為清潔劑，通常是由石化原料製成。清潔劑的原料與製法與肥皂不同，但去汙原理與肥皂相同（見第205頁的「看動畫・學理化」）。

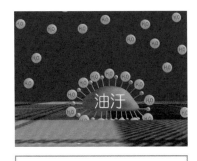

▲光碟動畫〈彩虹球池〉
清潔劑的去汙原理

看動畫・學理化

動畫7-1：原油的提煉

分餾是利用「混合物中各成分的沸點不相同」的原理，

把複雜的混合物分離成數種簡單的混合物。

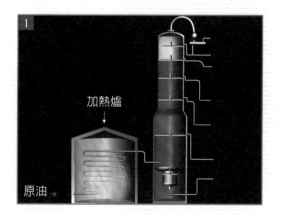

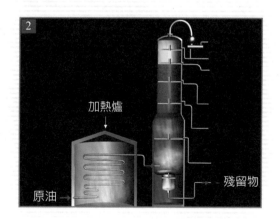

1. 原油經過加熱爐，由左下方的管子送進分餾塔。
2. 原油受到高溫，沸點較低的成分會向塔的高處走。

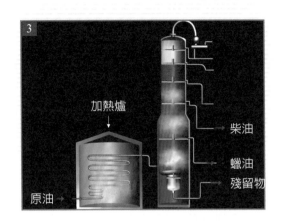

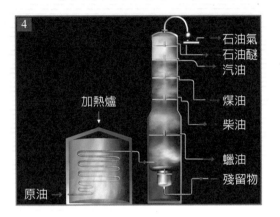

石 油 分 餾 的 產 物		
名稱	沸點	用途
石油氣	20°C以下	家庭用燃料
石油醚	20°C~60°C	家庭及工業用溶劑
汽油	60°C~200°C	汽車用汽油
煤油	175°C~275°C	飛機用燃料
柴油	250°C~400°C	卡車輪船用燃料
蠟油	300°C以上	燃料油潤滑油
瀝青		不揮發之殘留物

3. 在離塔底熱源愈遠的地方，溫度愈低，沸點高的成分逐漸冷凝，而由該層的管子流出。

4. 在分餾塔的愈上方，析出的產物沸點愈低，愈容易燃燒，通常當作燃料；在分餾塔的最下方流出殘留物為瀝青，就拿來鋪馬路囉！

5. 這裡列出分餾塔的產物名稱、沸點範圍、以及用途。

原油分餾的產物會在一個分餾塔裡完成，

由上而下的產物分別是

石油氣、石油醚、汽油、煤油、柴油、蠟油、殘留物。

動畫7-2：常見有機化合物的結構

甲醇與乙醇的分子結構

各是什麼形狀呢？

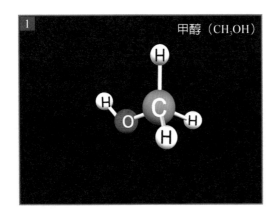

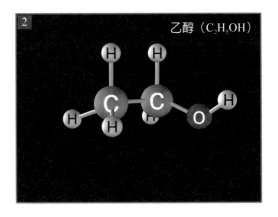

1. 所有的醇一定有一個氧原子與氫原子連接成的原子團，稱為羥基。甲醇分子中只有一個碳原子。

2. 乙醇分子中有兩個碳原子。

甲醇與乙醇分子的碳原子只差一個，

但是對人體的毒性相差非常大。

一般的酒中含少量的乙醇，可以飲用；

但只要含少量的甲醇，就會使人中毒、失明，甚至死亡。

動畫7-3：聚氯乙烯的結構

我們生活中經常使用的塑膠，它的結構又是什麼樣的呢？

其實塑膠也是聚合物的一種，

可以用小分子連接成很長的鏈狀聚合物。

本動畫是以氯化乙烯聚合成的聚氯乙烯來說明。

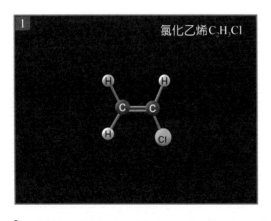

氯化乙烯 C_2H_3Cl

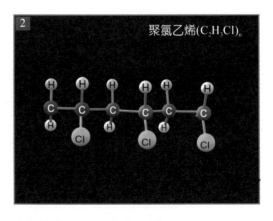

聚氯乙烯 $(C_2H_3Cl)_n$

1. 氯化乙烯是由兩個碳原子組成、而且含有氯的有機分子，可做為單體。
2. 好幾個單體再連接成長鏈狀的聚氯乙烯。

氯化乙烯本來是很小的分子，

在反應過程中聚合成巨大的分子，

稱為聚氯乙烯。

聚氯乙烯是一種常用的塑膠。

動畫7-4：清潔劑的去汙原理

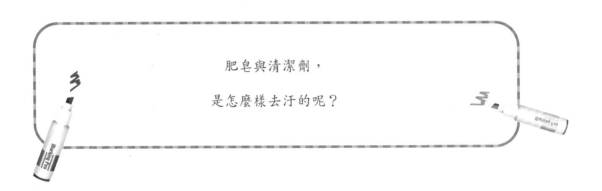

肥皂與清潔劑，

是怎麼樣去汙的呢？

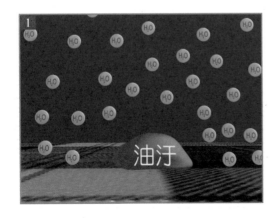

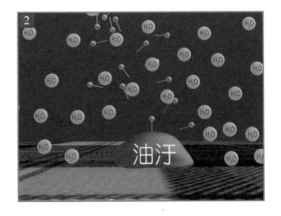

1. 把沾染了油滴的衣物，丟入水裡清洗。

2. 把清潔劑加入水中。清潔劑分子在長鏈的一端是親油基，喜歡親近油而遠離水，在分子的另一端則是親水基，喜歡親近水而遠離油。

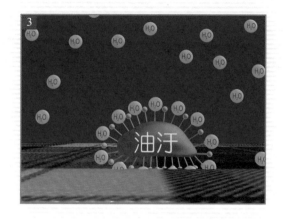
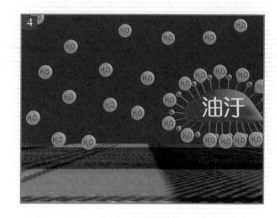

3. 清潔劑的親油基可以緊緊抓住衣物上的油滴，而另一端的親水基則能與水結合。

4. 水分子把油滴拉入水中，沖水後，油滴會與衣物脫離。

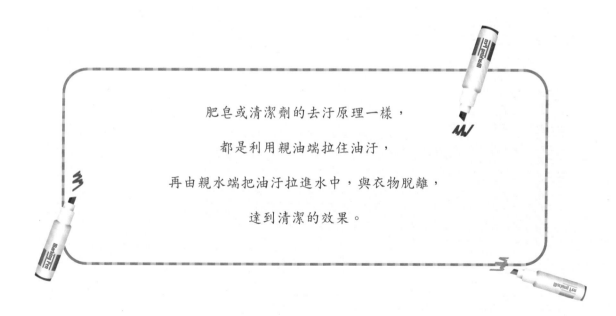

肥皂或清潔劑的去汙原理一樣，

都是利用親油端拉住油汙，

再由親水端把油汙拉進水中，與衣物脫離，

達到清潔的效果。

動動手・動動腦

先動手

器材：先準備透明膠水一瓶；空布丁杯數個；水彩一盒；並至西藥房買硼砂一包，取一匙硼砂，溶於水中形成飽和水溶液備用

步驟：

1. 在布丁杯中加入膠水約5 mL，加入等量水攪拌成50%溶液。

2. 取硼砂水溶液約10 mL，事先混合少量水，倒入上述布丁杯中混合，即可成為具可塑性的透明黏土，我們可把它稱為「飛天法寶」。

3. 用剩餘膠水，改變硼砂與水的混合比例，並比較各種不同比例製出的飛天法寶，性質有何不同。

4. 找到最佳比例後，以水彩染色，並塑成玩偶。（水彩應在哪一步驟加入？）

每次操作完飛天法寶，
務必要先洗手
才能進食。
由於飛天法寶中
含有水分，
玩過之後要丟棄，
否則容易發霉。

再動腦

如果在步驟2中加入的水太少，飛天法寶將會很脆，容易破碎；如果在步驟2中加入的水太多，飛天法寶將會很軟，不容易捏塑出你要的形狀。經過你的測試後，找出以何種比例可以製成軟硬適中的飛天法寶？

再動腦參考答案

經過你實際測試後的比例，就是最佳比例。

為什麼可以做出飛天法寶？

你所做出的飛天法寶是一種聚合物。

因為膠水中的成分是聚乙烯醇，是一種水溶性塑膠，當我們把硼砂加入時，硼砂中的硼原子與氧原子，會把聚乙烯醇分子串在一起，因此可以改變原來膠水的性質。

第 8 章

田徑場

—— 直線運動

在田徑場上，選手追趕跑跳碰，

每一樣競賽項目都是運動。

一百公尺直線短跑的冠軍，像飛躍的羚羊；

但是繞操場一圈，跑完四百公尺的選手，平均速度卻等於零，

為什麼會這樣呢？

歡迎來到〈田徑場〉，體驗這些運動所涉及的時間、速度與加速度。

公路上行進的摩托車與汽車在運動，飛行中的火箭也是在運動。要暸解這些運動，就要先暸解<u>位移</u>、<u>速度</u>及<u>加速度</u>等概念，這些都是本章要討論的範圍。

8-1 時間

在奧運田徑場上，精彩刺激的百公尺賽跑當中，來自全世界的飛毛腿彼此競技，勝負之間相差微乎其微，成績的優劣必須細究到百分之一秒才能判定。如果時間的測量不夠精準，可是會引起國際糾紛的。

人類對時間的測量愈來愈精準。古時候的人，大多依賴自然現象計時，例如以四季循環與日影長短訂出一年，月盈月虧訂出一月，用簡單的工具來做更精密的計時，如：日晷、沙漏等。

其實，只要是具有規律變化的現象，都可以用來測量時間，例如：日出日落、月亮盈虧、四季循環、日晷、沙漏，甚至人類的呼吸、脈搏等。擺鐘利用的是鐘擺週而復始的規律運動來計時。

中國人很早就製造出以水力配合齒輪運轉的機械鐘。在十四世紀初，歐洲人聽到中國人已成功製出機械鐘，受到這個訊息的鼓舞，於是製造出以重錘配合齒輪運轉的機械鐘，這算是人類第一個準確而可信賴的計時工具。

相傳，義大利科學家<u>加利略</u>（Galileo Galilei, 1554-1642）年少時，在比薩大教堂內看見吊燈受風吹動而來回擺動，當時在比薩大學學醫的加利略，很自然的用自己的脈搏來測量吊燈來回擺動的時間，發現吊燈每一次來回擺動的時間幾乎都相同。加利略發現的這個特性稱為「擺的等時性」，後來的擺鐘就是利用這個原理而發展

▲圖8-1

日晷是人類早期的計時工具之一。隨著太陽位置的變化，投射在日晷上產生的影子，可以用來指示時間。

出來的。

　　擺鐘的「週期」是指鐘擺來回擺動一次所需的時間。擺鐘的鐘擺下方繫有金屬擺錘，調整擺的長度，可以改變擺鐘週期的長短。把擺錘向下調（即加長鐘擺），週期會增長，擺鐘就「走」得較慢。反之，如果把擺長縮短，週期也會縮短，擺鐘便會「走」得較快。

　　事實上，只要擺動角度不要太大，單擺的週期只與擺長有關，與擺錘質量、擺角大小等無關，「單擺的週期測量實驗」很清楚的展現出這種關係（見第219頁的「看動畫・學理化」）。而且單擺的週期與擺長的平方根成正比。

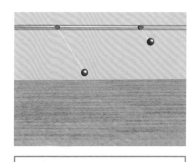

▲光碟動畫〈田徑場〉
單擺的週期測量實驗

$$\frac{週期1}{週期2} = \frac{\sqrt{擺長1}}{\sqrt{擺長2}}$$

　　我們戴在手上的石英錶，是由美國發明家霍頓（J. W. Horton）與馬利森（W. A. Marrison）於1928年所發明的。當石英與特定電路連接時，石英會與電路形成振盪，而且這樣的振盪頻率很穩定，每年的時間誤差小於0.1秒，因此石英錶要比機械鐘精準得多了。

　　二十世紀時，科學家發現原子會吸收或發射一定頻率的電磁波（頻率是1秒內的振動次數，為週期的倒數），而且這種電磁波的頻率稱為共振頻率，不因時間或地點而改變。換句話說，氫原子在今天的共振頻率與一億年前一樣，而地球上氫原子的共振頻率也與另一個星系上的氫原子相同。這種性質不是可以做為很好的計時工具嗎？

　　於是1967年的第13屆國際度量衡會議決定，利用銫原子放射電磁波的穩定週期特性來對「秒」重新下定義。因為銫原子的共振

頻率高達9,192,631,770次／秒，科學家用電磁波掃描銫原子時，再以引發大量銫原子共振的電磁波週期爲基準，乘上9,192,631,770倍，即爲標準的1秒。用銫原子鐘計時的結果，以目前的科技水準來說，每年的誤差不超過3×10^{-8}秒。

8-2 路徑與位移

要描述物體的運動情形，必須知道物體的位置與時間變化的關係。在知道如何測量時間之後，我們接下來就要想辦法測量物體移動的距離。

物體的位置如果改變了，我們可以說這個物體產生了「位移」。位移是直線運動的重要度量，包含兩個要素：距離與方向。位移的大小，是指物體的起點到終點的「直線長度」；位移方向，是由起點指向終點的「直線方向」。

路徑與位移很容易混淆，不過這兩者之間有個很大的差別，那就是路徑沒有方向性，但位移則具有方向性。

圖8-2▶

位移包含了距離與方向，而且這個距離是起點與終點之間的直線長度。路徑則是從起點到終點實際經過的距離。

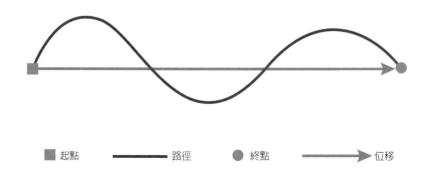

■ 起點　　　───── 路徑　　　● 終點　　　───▶ 位移

　　如果位移為0，表示物體的起點與終點為相同位置。你如果繞著田徑場跑一圈，雖然辛苦跑了400公尺，但因為最後又跑回原來的起點了，所以你的位移是0。不過，如果你像電影裡的阿甘一樣，拚命直線向前衝，路徑的長度才可能等於位移的大小。

8-3　速度

　　一般人經常以「速率」、「速度」、「平均速率」以及「平均速度」，來形容物體運動的快慢程度。在日常生活中，這4個名詞代表的意思似乎差不多，然而在物理學中，這4個名詞的物理意義可是大不相同。

○平均速度

物體運動時，某一段時間內的位移除以經過的時間，就是該段時間內物體的平均速度。平均速度是指單位時間內的位移，所以與位移一樣，平均速度也具有方向性。

$$\frac{位移}{時間} = 平均速度$$

○平均速率

物體在某一段時間經過的路徑長除以經過的時間，就是該段時間內物體的平均速率。平均速率是指單位時間內的路徑長，而路徑不具方向性，所以平均速率也沒有方向性。

$$\frac{路徑}{時間} = 平均速率$$

○瞬時速度（簡稱速度）

是指物體在「某一極短時間」內的平均速度。與平均速度一樣，瞬時速度也具有方向性。

◉瞬時速率（簡稱速率）

是指物體在「某一極短時間」內的平均速率。與平均速率一樣，瞬時速率也沒有方向性。

校運的百公尺賽跑是在直線跑道上進行的，號稱小紀政的小華，跑得飛快，成績是12.5秒。她的平均速度是100公尺／12.5秒＝8公尺／秒，但我們可以推測，她最高瞬時速度的大小必定大於8公尺／秒。因為小華在起跑之初，是由靜止開始加速，在前幾秒內的速度一定不到8公尺／秒這麼快，而且在賽跑途中的最高速度也一定會大於8公尺／秒，這樣子，她的平均速度才有可能等於8公尺／秒。

假如小華在起跑50公尺後，一直以10公尺／秒的速度跑完後半段，那麼這後半段路程，她便是以「等速度」進行運動。等速度運動是指物體在運動的過程中，速度（含快慢以及方向）都沒有改變。

等速度運動的物體，平均速度會等於任一時刻的瞬時速度，而且因為等速度運動行進的方向並不會改變，所以運動的軌跡一定是直線。

由原點出發的物體，如果進行速度為v的等速度運動，而且方向為正（也就是一直往前），那麼如果把運動的情形用圖表示，可以發現，若以位移當縱座標，時間當橫座標，圖形會是一條斜線；若以速度當縱座標，時間當橫座標，圖形會是一條水平直線（圖8-3）。

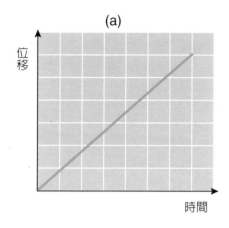
(a)

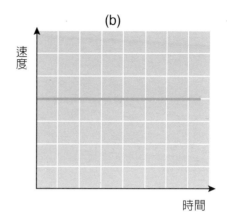
(b)

▲圖8-3

從原點出發，速度大小為v且一直往前的等速度運動，它的（a）「位移—時間」關係圖中的圖形會是一條斜線；（b）「速度—時間」關係圖中的圖形會是一條水平直線。

8-4 加速度

物體在運動的過程中，如果快慢或方向改變了，我們說該物體的速度改變了。描述速度的變化量稱為加速度，大部分的運動都是加速度運動，只有靜止或等速度運動不屬於加速度運動。

加速度是指「單位時間內速度的改變量」，即「速度對時間的變化率」，寫成算式就是：

$$平均加速度 = \frac{速度變化大小}{時間間隔}$$

如果有一輛汽車由靜止開始逐漸加速，在4秒內，速度由0加速到8公尺／秒，那麼汽車在這段期間裡的平均加速度為

$$\frac{8-0}{4}＝2公尺／秒^2$$

如果這輛車在運動的過程中，加速度的大小與方向始終維持一致，那麼我們就可以說這輛車進行等加速度運動。

你隨時都可以進行最常見的等加速度運動，只要手上拿著一個物體，鬆手讓它自由落下，如果不考慮空氣阻力的話，這個物體會以9.8公尺／秒^{2}的加速度落下。不過，你可別異想天開，拿花瓶、玻璃杯、茶杯這些易碎的東西來進行這個實驗，否則實驗就算成功，殘局收拾起來，可夠你瞧的，而且不小心的話，還很容易受傷。

可是利用自由落體進行的等加速度運動，因為物體一下子就掉落地面，並不是那麼容易看出來。在實驗室中，可以利用帶有打點計時器的滑車，每隔一段固定的時間，記錄等加速度的軌跡，如此一來，就可以很清楚的觀察等加速度運動（見第223頁的「看動畫・學理化」）。

等加速度直線運動有一個特徵，就是它的「平均速度」等於「初速與末速和」的一半。

靜止的物體由原點出發，進行加速度為a的等加速度運動，且加速度方向為正（也就是速度一直增加）。如果要以位移與時間的關係來作圖的話，位移為縱座標、時間為橫座標的圖形，會是一條曲線；但如果改用速度當縱座標、時間為橫座標，圖形則會是一條斜線（圖8-4）。

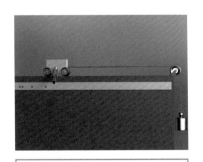

▲光碟動畫〈田徑場〉
等加速度運動實驗

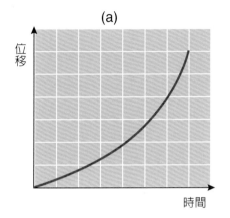

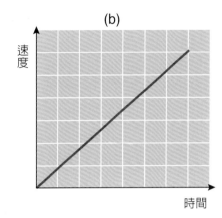

▲圖8-4

由原點出發，加速度大小為a，且方向為正的等加速度運動，它的（a）「位移─時間」關係圖中的圖形是一條曲線；（b）「速度─時間」關係圖中的圖形是一條斜線。

看動畫・學理化

動畫8-1：單擺的週期測量實驗

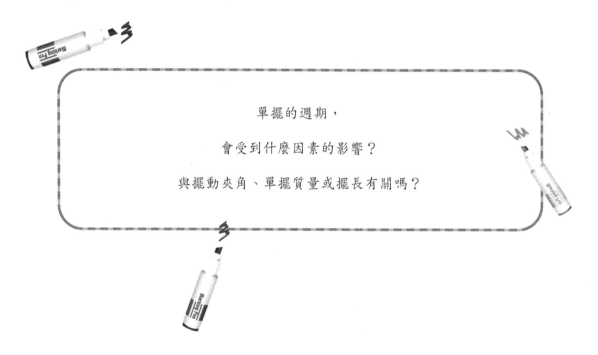

單擺的週期，

會受到什麼因素的影響？

與擺動夾角、單擺質量或擺長有關嗎？

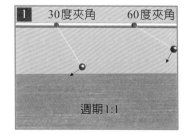

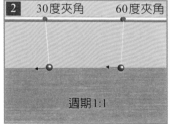

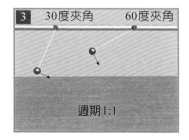

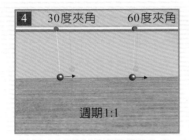

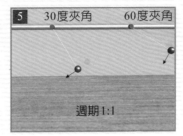

1〜5. 這兩個單擺的擺長相等，擺錘質量相同，但是擺角不同。左邊擺角為30度，右邊擺角為60度，經由實驗證明它們擺動的週期相等。

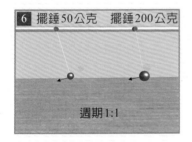

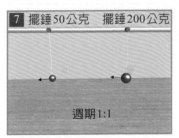

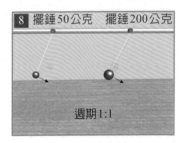

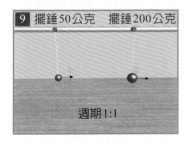

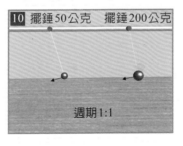

6〜10. 這兩個單擺的擺長相等，擺角一樣，但是擺錘質量不同。左邊擺錘質量為50公克，右邊擺錘質量為200公克，經由實驗證明它們擺動的週期相等。

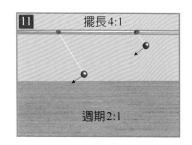

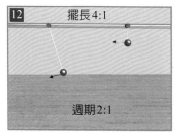

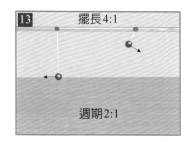

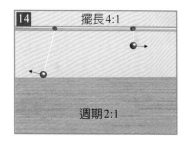

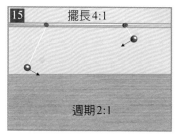

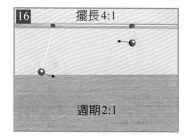

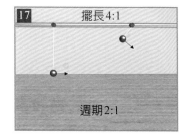

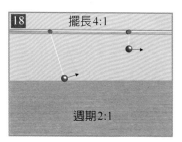

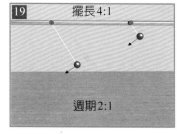

11～19. 這兩個單擺的擺錘質量相同，但擺長為4：1。仔細觀察這兩個單擺的擺動，左邊的單擺來回擺動一次時，右邊的單擺已經來回擺動兩次了。因此經由實驗證明它們擺動的週期為2：1。

單擺的週期與擺動夾角及單擺質量無關，

只受擺長所影響，

且擺長愈長，週期愈長。

動畫8-2：等加速度運動實驗

什麼是等加速度運動？

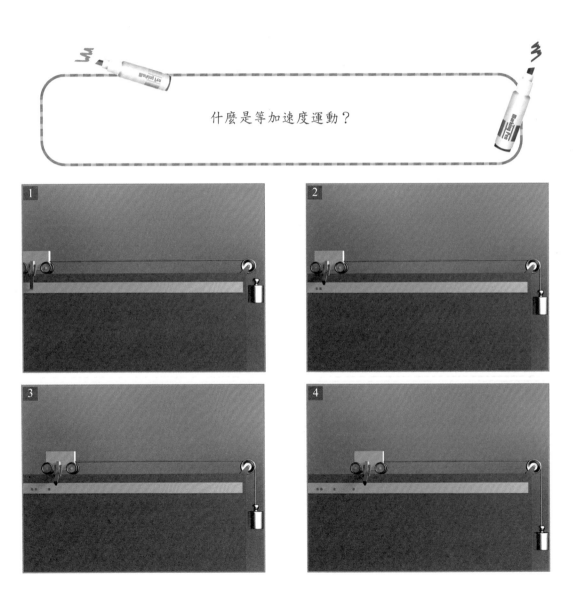

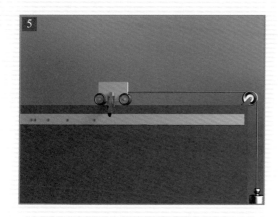
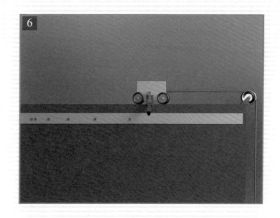
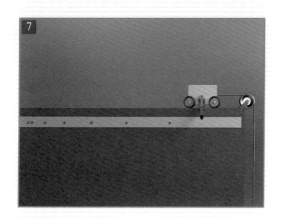

1～8. 把附有打點計時器的滑車，放在水平軌道上。把砝碼以金屬線連在滑車上，利用砝碼的自由下落帶動滑車。打點計時器每兩次打點的時間間隔都一樣，所以觀察它打出來的各點距離愈來愈大，可以知道滑車的速度愈來愈快，而且每兩點間距離的增加有一定的規律，顯示速度穩定增加。在砝碼的帶動下，滑車進行加速度運動。

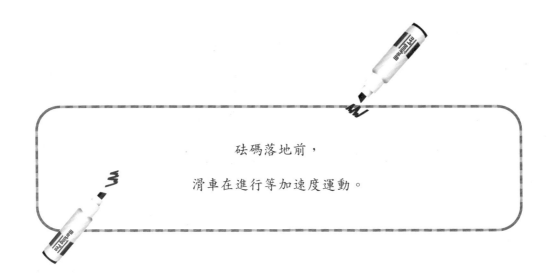

砝碼落地前，

滑車在進行等加速度運動。

動動手・動動腦

先動手

1. 想辦法找到一張世界地圖，在上面找出台北的位置，並查明這個地圖的
   比例尺為＿＿＿＿＿＿＿＿＿＿。

2. 動手量出下列各城市在地圖上與台北相距幾公分，並由比例尺換算出真
   實距離：

   （1）高雄：地圖上距離 ＿＿＿＿ cm，實際距離 ＿＿＿＿ km。

   （2）東京：地圖上距離 ＿＿＿＿ cm，實際距離 ＿＿＿＿ km。

   （3）倫敦：地圖上距離 ＿＿＿＿ cm，實際距離 ＿＿＿＿ km。

再動腦

1. 假設你搭乘的班機飛行平均速度為1,000 公里／小時，你由台北的機場
   起飛，到達下列城市，各需多少小時？

   （1）高雄：＿＿＿＿ 小時。

   （2）東京：＿＿＿＿ 小時。

   （3）倫敦：＿＿＿＿ 小時。

2. 假設今有另一班飛機，由台北起飛前往上述三個城市其中之一，飛機的速度與時間的關係如下圖，

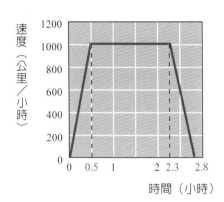

請問：

（1）0～0.5小時期間，飛機做何種運動？

（2）0.5～2.3小時期間，飛機做何種運動？

（3）2.3～2.8小時期間，飛機做何種運動？

（4）這班飛機可能是飛到上述三個都市中的哪一個？

先動手

1. 假設地圖比例尺為5千6百萬分之一，則地圖上1公分長的距離，實際距離為560公里。

2.（1）高雄：地圖上距離 <u>0.5</u> cm，實際距離 <u>280</u> km。

　　（2）東京：地圖上距離 <u>4.1</u> cm，實際距離 <u>2296</u> km。

　　（3）倫敦：地圖上距離 <u>24.5</u> cm，實際距離 <u>13720</u> km。

再動腦

1.（1）高雄： <u>0.28</u> 小時。

　　（2）東京： <u>2.30</u> 小時。

　　（3）倫敦： <u>13.72</u> 小時。

2.（1）等加速度運動，加速度為1,000／0.5＝2,000 公里／小時^2

　　（2）等速度運動，速度為1,000公里／小時

　　（3）等加速度運動，加速度為－2,000 公里／小時^2

　　（4）「速度—時間」關係圖所圍的面積通常代表位移，本圖中所圍梯形
　　　　面積為（1.8＋2.8）×1000／2＝2,300公里。因此，這班飛機可
　　　　能是要飛到東京的。

地圖的比例

如果你找到的地圖，比例尺不是5千6百萬分之一，也沒有關係，
只要方法正確，算出來的答案不會相差太多。此外，每張地圖的準
確程度不同，答案當然不會一模一樣，我們只希望你會把學得的知
識，變作能活用的技能。

第 9 章

拔河館

—— 力

槍聲一響,拔河比賽開始囉!

兩隊選手緊緊抓住繩索,使盡全身的力氣,

要把繩索拉向自己的方向,

為什麼繩子還是紋風不動啊?

〈拔河館〉裡介紹的力與力平衡等觀念,

能為你解開這些疑惑。

生活中，「力」的現象無所不在。不，應該說如果沒有力的作用，就無法生活。你有沒有辦法舉出，你的一天中與力有關的10個生活實例呢？譬如澆花時水會往下流，是靠萬有引力；運動會最熱鬧的拔河，是雙方的拉力；棒球投手投球，要靠推力；所有的球類運動，都要靠「力」的運用，才能玩得起來。

第8章〈田徑場〉提過，加利略曾觀察單擺運動，傳說中他也曾於比薩斜塔，進行自由落體的實驗，以現代的眼光看來，這些觀察或實驗其實都是與重力相關的研究。而人類卻一直要等到進入二十世紀，才學會如何對抗並擺脫重力，進入太空。

歷史故事

加利略真的曾在比薩斜塔上進行自由落體的實驗嗎？

傳說中，加利略從比薩斜塔上把大小不同的兩個物體丟下來，結果兩個物體同時到達地面，你相信這個故事嗎？很多研究科學史的專家都不相信喔！

首先，這兩球當然不會同時落地，因為球由比薩斜塔落下來的過程會遭遇空氣阻力。自同一高度落下的兩個物體，要同時落地只有在真空中才會發生。如果物體密度很大（如銅或鐵），表示其質量很大，體積很小，所以空氣阻力相對於質量而言很小，則由同一高度落下的兩物體，會「幾乎」同時抵達地面。有些科學史專家依加利略嚴謹的性格推斷，如果加利略明知這兩物體不是真的同時抵達，是不會公開進行這個實驗的。而且，在歷史上實在找不到加利略在哪一年進行這個實驗，何況加利略一向有做筆記的習慣，但在他的筆記裡也找不到這個實驗的記載，難怪專家要懷疑故事的真實性。

在科學史上，做出自由落體實驗且發現兩重物幾乎同時抵達地面的第一人，是荷蘭物理學家史提溫（Simon Stevin, 1548-1620）。他不但在物理上有貢獻，也是傑出的數學家，可能因他與加利略同一時代，且兩人都關心重力的問題，因而造成誤傳。

從美國的萊特兄弟在1905年駕著自製飛機飛上天空開始，到如今美俄的科學家已經能登上太空站長期生活。人類數千年來企盼遨遊天際的夢想，在上一個世紀終於實現，並在短短數十年內，從地球飛入太空。你對科技的進步是否也有一日千里之嘆？

力的種類與形式非常的多，這一章〈拔河館〉就要引領大家進入迷人且繁複的力學世界。

9-1 力是什麼？

日常生活中事事都必須用到力，寫字、打球、呼吸，甚至一舉手一投足，都是力的作用。

有些力必須靠物體的實際接觸才會發生作用（例如碰撞），有些則不必靠接觸就可發生作用（例如重力與磁力），我們該如何定義與分類「力」呢？

力的效應與要素

力可以使物體產生形變，或改變物體的運動狀態。

如果把彈簧用力向兩側拉，彈簧會變長；如果由兩側向中心壓縮，彈簧會變短。而且，只要力不是太大，彈簧的形變（伸長量或壓縮量），會與使用的力成正比。同樣的，用力拉橡皮筋，橡皮筋會變長；用力捏氣球，氣球也會變形。這都是力使物體產生形變的現象（見第246頁的「看動畫‧學理化」）。

打撞球時，用球桿推球把靜止的球撞開；騎腳踏車的時候，抓緊煞車可以把車子停下來；由滑梯上溜下來的小朋友，愈到滑梯底端，速度愈快；在草地上滾動的足球，愈滾愈慢；棒球投手

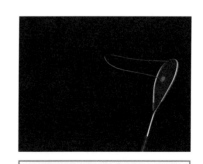

▲光碟動畫〈拔河館〉
力的效應實驗

▲圖9-1

打擊者的觸擊，改變了棒球前進的方向。

投出快速直球被打擊者揮出的球棒打到時，球會改變方向往外野的方向飛去。上述例子中，撞球由靜而動，腳踏車由動而靜，小朋友由慢而快，足球由快而慢，棒球改變飛行方向，都是力改變運動狀態的現象。

在拔河比賽中，兩隊選手使盡全力把繩索拉向自己的方向，雙方施力的方向不同，顯示力是有方向性的。

拔河比賽進行到最後，終於有一方占了上風，把對手逐漸向己方拉近，這顯示占上風的一方，力量較對方的大。選手的手握住繩索的接觸點，就是力的作用點，如果選手沒有抓住繩索，就無法施力，也就是說，施力一定會有一個作用點。

所以，要描述一個力，應該包含大小、方向及作用點這三項，這就是所謂力的三要素。

重量與質量

在日常生活中，我們經常把質量與重量二者混用，有了力的概念後，就可以清楚知道這兩者之間，到底有什麼不同。

牛頓研究日月星辰的運行，發現任何兩個物體間都有「萬有引力」，這個萬有引力的大小，與兩物體的質量乘積成正比，與兩物體的距離平方成反比。

你現在正在閱讀的這本書，它與你之間也有萬有引力喔！只是書和你，質量都很小，所以你感覺不到書與你之間的萬有引力。那麼，哪一樣物體，質量很大又與你很近，你們之間的萬有引力很大，使你幾乎無法擺脫它的影響呢？答案就是地球。地球對我們的萬有引力，稱為「地心引力」。你現在站起來用力往上跳，看看能不能脫離地球？你離地一下子又落回地面來了，對不對？現在見識

到地心引力的厲害了吧！

由於物體的重量就是物體所受引力的大小，所以引力也稱為重力，單位為公斤重或公克重。因為我們身處地球上，質量1公斤的物體，重量恰為1公斤重。超級市場裡小包裝的米，標示每包「重量：2公斤」，其實公斤是質量單位，正確的說法，應該說每包是「重量：2公斤重」。

質量指的是物體內包含多少物質，物體的質量不會隨著引力的大小而改變，所以如果你在地球上的質量是46公斤，就算到了月球，你的質量還是46公斤。

因此，重量與質量並不相同。事實上，同一個物體，質量永遠不變，但重量會隨著地點的不同而有差別。在地球上30公斤重的物體，若搬到月球去則只剩5公斤重，這是因為月球本身的質量比地球小，所以月球上的物體所受引力只有在地球上的六分之一。

在同一個地點，物體的重量與質量成正比，意即質量愈大，重量愈重。所以，以重量而言，同一地點質量3公斤的米，一定比質量2公斤的米重。質量相同的兩物體，在地面上任一地點，重量都相等。這就是為什麼，買賣黃金時，都使用天平而不用彈簧秤，因為天平測量出來的是質量，而非重量。像黃金這麼昂貴的物質，若使用重量來做為買賣的計量單位，在不同地點買賣，同質量的黃金，重量可能有所差異，會導致不公平的現象發生。

Question 想一想

由於重量會隨著地點的不同而改變，所以想減輕體重的人會比較喜歡在平地或高山上量體重？

Answer 參考答案

在高山上。理由是，平地的地心引力最大，在高山上地心引力較小。所以同一質量的人，在平地秤得的重量較重，在高山上較輕。不過，那只是磅秤上的讀數變小而已，身體的質量其實是沒有改變的。

接觸力與非接觸力

力可以根據施力者與受力者是否有接觸，分為兩大類：接觸力與非接觸力。

接觸力是指要接觸到物體，才能顯現效應的力。像打球、拉橡皮筋等，這類要靠物體間實際接觸，力才能作用。非接觸力是指物體間不需相互接觸，就可以產生效應的力。例如磁力、靜電力，或萬有引力等（靜電力與磁力請參考《3D理化遊樂場 II》第16章〈電氣館〉與第17章〈魅力館〉）。值得注意的是，磁力與靜電力同時具備吸引與排斥兩種力，而萬有引力只有吸引的作用。

9-2 力的測量

我們知道，力可以使物體發生形變或改變物體的運動狀態，因此物體形變或運動狀態改變的程度，可以用來測量力的大小。在此，我們只討論利用物體形變來測量力的方法，至於利用物體運動狀態的改變來測量力的方式，則留待第10章〈蹺蹺板〉再討論。

利用物體的形變來測量力的大小時，最常用的工具是彈簧秤。

當施力拉動彈簧秤時，只要施力不超過一定限度，用的力愈大，可以把彈簧秤的彈簧拉得愈長。所以，彈簧伸長的量，可以用來測量力的大小。

$$\frac{外力_A}{外力_B} = \frac{伸長量_A}{伸長量_B} = \frac{全長_A - 原長}{全長_B - 原長}$$

用彈簧秤來測量的力，範圍是有極限的，超過了極限，彈簧就會發生永久形變，無法用來測量了。而不使彈簧產生永久形變的最大外力，就是彈簧的彈性限度。如果施力的範圍在彈性限度內，施力大小與彈簧的伸長量（即全長減原長）會成正比。如果用彈簧的伸長量當縱軸，施力的大小當橫軸，在彈性限度內，施力與伸長量的關係曲線為「通過原點由左下向右上延伸的直線」。事實上，除了彈簧秤以外，其他有彈性的物體只要彈性限度不要過小，都可以用來測量力的大小。

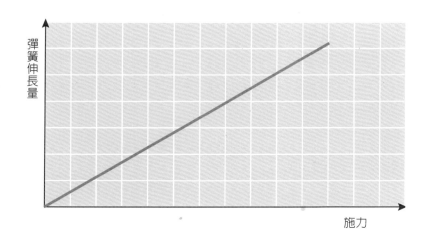

◀圖9-2
彈簧的伸長量與施力的關係圖，是通過原點，由左下向右上延伸的一條直線。

9-3　兩力平衡

何謂兩力平衡？拔河比賽時如果的兩隊勢均力敵，繩索正中央繫的紅帶子紋風不動，無法判別勝負，就是兩力平衡。

兩力平衡必須滿足三個必要條件，且缺一不可：

💧 必須兩力大小相同
💧 必須兩力方向相反
💧 兩力必須作用在同一條直線上

生活中也有許多兩力平衡的現象，例如桌上的書靜止不動，就是桌面向上給書的支撐力，與地球給書的重力，兩者平衡的結果。天花板上的吊燈不會掉下來，也是吊燈所受向上的拉力與向下的重力，達成了平衡（見第251頁的「看動畫‧學理化」）。

▲光碟動畫〈拔河館〉
彈簧秤的兩力平衡實驗

9-4　浮力

自然科學的研究，是從觀察開始。鐵很重，鐵塊丟到水裡肯定會下沈，但是鐵做的船卻會浮在水上，為什麼？

拿一個體積10立方公分的金屬塊吊於彈簧秤下方，假設秤得的重量約為35公克重，然後再取一個50毫升的燒杯，裡面裝20毫升的水，把金屬塊吊於彈簧秤後再置入燒杯，你會發現水位上升了10毫升，而且彈簧秤的讀數從35公克重變成25公克重。

為什麼金屬塊變輕了？當金屬塊在水中，水會給金屬塊一個向上的作用力，減輕金屬塊重量，這個作用力就是浮力。

歷史故事

洗澡盆裡的頓悟

阿基米德（Archimedes, 約西元前287-212）是希臘數學家與物理學家。相傳希臘國王曾懷疑王冠不是純金打造，而是添加了銅和銀，便命阿基米德找出方法來檢驗王冠是否為純金。阿基米德苦思數日，都想不到好方法，某一日，當他踏入裝滿水的澡盆打算洗澡時，見水由盆中溢流出來，突然靈機一動，忘了穿衣服，就跑到街上大喊：「Eureka！」（我發現了！）

為什麼阿基米德這麼高興呢？因為他由澡盆中溢出的水想到，這些水的體積恰好是浸入水中的物體的體積。如果我們把稱好質量的王冠放入裝滿水的盆中，由溢出水的體積就可以知道王冠的體積，質量除以體積不就可以知道王冠的密度了嗎？接著取純金用同樣的方法，測出純金的密度，如果王冠的密度與純金不符，那麼王冠中必定添加了其他金屬。

阿基米德經由研究，發現物體浸在裝滿水的盆子中，物體的重量會減輕，而減輕的重量恰好等於溢出盆子的水重，這就是阿基米德原理。

在觀察了浮力現象後，阿基米德做出了一些結論：

浮力＝物體在空氣中的重量 － 物體在液體中的重量

＝v（排開液體的體積）× d（液體的密度）

＝浮體在液面下的體積 × 液體的密度

＝排開液體的重量

如果重複左頁所述的實驗，但是把燒杯內的水換成酒精，你會發現，酒精液面雖然同樣上升10毫升，但是金屬塊重量在酒精

▲光碟動畫〈拔河館〉
水與酒精的浮力實驗

中只減輕8公克重（見第253頁的「看動畫・學理化」）。

根據第二次的實驗，可以發現：

$$浮力 = （排開酒精的體積）\times（酒精的密度）$$
$$= 10 \times 0.8 = 8$$

這個結果完全符合阿基米德對於浮力的敘述。

　　物體的密度如果大於液體的密度，這個物體置入液體時，排開液體的重量，會小於物體的重量，也就是說浮力會小於重量，因此物體會下沈，該物體會一直沈到液體底部。這種沈入液體底部的物體為沈體。

　　物體的密度若小於液體，即使硬把該物體按入液體使其完全沒入，因其排開液體的重量大於物體重量，浮力大於物重，所以放手後，物體會上升，浮力減小，直到浮力等於該物體所受重力。此時該物體能自液面露出部分體積，我們稱這種物體為浮體。

圖9-3▶

（a）浮體的密度小於液體，會自液面露出部分體積。（b）沈體的密度大於液體，會沈到液體底部。

(a)   (b)

　　浮體排開的液體體積大小，與液體的密度有關。液體的密度愈大，浮體沉入該液體的體積就愈小（或說排開該液體的體積愈小），也就是說，液體的密度愈大，物體愈容易浮在液體中。最明顯的例子，是在海水浴場中游泳比在一般的淡水游泳池游泳，更容易浮在水面上。原因就是，海水的密度大於淡水，人體要得到相同的浮力時，在海水中排開的海水體積，比在淡水中的少。

Question 想一想

機車行老闆在為電瓶充電時，通常會用浮標測量電瓶中水溶液的密度，你認為這浮標型密度計的刻度應該怎麼標示呢？請在右圖的兩種標示圖中選擇一種。

Answer 參考答案

愈大的數字應該標在愈下面，如圖（b）。

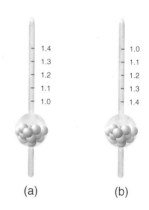

(a)　　　　(b)

　　除了液體，氣體也同樣具有浮力。我們看見熱氣球往上升，就是因為熱空氣的密度比一般空氣小，所以熱氣球會浮上天空。同樣的道理，若是氣球中灌入氫氣或氦氣等密度較小的氣體，氣球也會往上飄走。

9-5　壓力

　　你是否注意到鋁箔包飲料所附的吸管，往往是一頭尖銳、一頭齊平？使用時，用尖的一端可以插入鋁箔中，若拿反了，你會發

現齊平的一端很難插入鋁箔中。

如果把豆腐放在一根釘子上，豆腐馬上就會被刺破，但把它放在布滿釘子的劍山上，豆腐卻不會破碎。

這其中的關鍵就在於壓力，壓力就是「單位面積所受的垂直力」。我們可以動手做以下的實驗，進一步瞭解壓力。

把一個長方形木塊「平放」在海綿上，觀察海綿凹陷的程度，再把同一個木塊「直立」於海綿上，並觀察海綿凹陷的程度，就可以觀察到：當海綿的受力面積大時，凹陷程度較小，而受力面積小時，凹陷的程度較大。這個實驗說明了雖然作用力（重量）相同，但是隨著受力面積的不同而產生了不同的結果。

我們可以用F代表施力、A代表受力面積、P代表壓力，這時F、P、A的關係可寫成：

$$P = \frac{F}{A}$$

根據上式，我們可以清楚瞭解，壓力的單位可能為公克重／平方公分（gw／cm^2）、公斤重／平方公尺（kgw／m^2）。

對壓力有所瞭解後，就知道飲料吸管為什麼要有一端做成尖尖的了。當我們用吸管刺入飲料吸孔的鋁箔時，吸管的尖端與鋁箔的接觸面積很小，可以對這個小面積的鋁箔，造成很大的壓力，輕易把鋁箔刺穿；如果拿吸管齊平的那頭刺入鋁箔，鋁箔受力面積比較大，單位面積上的壓力較小，吸管就不易插入了。

同樣的道理，薄薄的刀片可輕鬆的切開物體、鐵釘尖端很容易釘入木板中，這些都是壓力的應用。

水的壓力與大氣壓力

水有重量，所以水會產生壓力。我們可以利用「水壓觀測器」來觀察水壓的性質。水壓觀測器是利用橡皮手套剪下來的兩塊橡皮，蒙在壓克力中空圓筒的兩端。當我們把水壓觀測器伸入水中時，會發現橡皮兩面都有凹陷的情形，而且在同一深度時，兩端的橡皮凹陷程度都是一樣的，可見水壓與方向無關。當水壓觀測器放入愈深的地方時，橡皮凹陷的程度愈嚴重，可見水壓的大小和水的深度有關，水愈深則水壓愈大。

 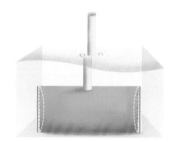

▲圖9-4

水壓觀測器。左圖是水壓觀測器原來的形狀，右圖顯示出水壓觀測器水平置入水中後，左右兩側會產生凹陷，而且兩側凹陷的程度相等。

我們到水庫去遊玩時，仔細觀察就會發現水庫的牆面上層較窄，底部較寬厚，這是因為水庫底部水深較深，承受的水壓也較大，所以必須用較厚的牆面來與水壓相抗衡。關於水壓大小與水深的關係，可參閱第255頁的「看動畫‧學理化：噴泉實驗」。

▲光碟動畫〈拔河館〉

噴泉實驗

氣體同樣會對物體造成壓力，最明顯的例子就是大氣壓力。例如用吸管喝飲料時，我們用嘴一吸，就把吸管內的空氣吸走了一部分，吸管內壓力因而變小，作用在飲料表面的大氣壓力就會推動飲料，使飲料在吸管內上升，進入我們的口中。

大氣壓力簡稱氣壓，氣壓的大小會受許多因素影響。例如在高山上，由於空氣稀薄，所以氣壓通常比平地小。同一地點的氣壓會隨溫度、氣候而變。氣壓高時，代表當地空氣密度大，氣流下沈，天空雲量少，通常是好天氣。反之，氣壓低時，代表當地氣體密度小，氣流上升，水氣易在高空冷卻，因而容易下雨。所以氣象預報時，通常免不了要談論氣壓大小。

大氣壓力的實驗

為了測量大氣壓力的大小，科學家曾做過許多嘗試。其中較著名的兩個實驗是德國科學家蓋利克（Otto von Guericke, 1602-1686）所做的「馬德堡半球實驗」與義大利科學家托里切利（Ecangelista Torricelli, 1608-1647）的實驗。

馬德堡半球實驗

在1654年時，蓋利克在德國馬德堡，把兩個直徑36公分的空心金屬半球合起來，並把裡面的空氣抽走，形成真空。結果發現必須用16匹馬（每邊8匹）才可以把兩個金屬球拉開。這個實驗雖然沒有辦法精確測出大氣壓力的大小，但已使人們感受到大氣壓力的強大（見第258頁的「看動畫·學理化」）。

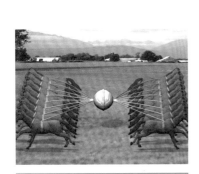

▲光碟動畫〈拔河館〉
馬德堡半球實驗

托里切利實驗

依十七世紀義大利科學家托里切利的設計,把一根長約1公尺、一端封閉的玻璃管,裝滿水銀,再把玻璃管倒轉,垂直放置於水銀槽中。測量玻璃管內高出槽中液面的水銀高度,約為 76 公分,這個高度與玻璃管的粗細、長度、傾斜角度無關。

 **歷史故事**

大自然討厭真空?

托里切利是義大利人,他在1626年到羅馬求學時,認識了加利略的得意門生卡斯提里(Benedetto Castelli),卡斯提里向加利略推薦富有才華的托里切利擔任加利略的助手。但兩人見面後不久,加利略即去世了。托里切利取代加利略的位置,應義大利某公爵之聘,擔任數學家(這是當時貴族資助科學家的一種方式),而留在佛羅倫斯,直到過世。

有一次,公爵請來工人製作抽水唧筒,要把水抽到40英尺(約12公尺)高的地方,但是以當時製作的唧筒,無論如何都無法把水抽到超過32英尺(約9.6公尺)的高度。這種情形在當時的人看來,是很奇怪的,因為自古就有一種說法,認為「大自然討厭真空」,所以只要你把管子抽成真空,水就會跑上去,不讓管子呈現真空。但是為什麼當管子的長度超過32英尺時,大自然就不再討厭真空了呢?

為了解決這個問題,托里切利用水銀代替水進行實驗,改用水銀的理由,是因為水銀的密度是 $13.5 \, g / cm^3$,為水的13.6倍,不需要32英尺那麼長的管子就可以完成實驗!

托里切利因唧筒抽水的難題,成為第一個正確測量出大氣壓力的人,而他用水銀製出的托里切利真空的方法,至今仍經常被採用,而水銀製成的壓力計也是今日實驗室非常普遍的儀器。

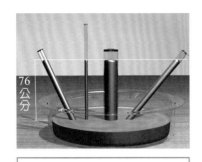

76公分

▲光碟動畫〈拔河館〉
托里切利實驗

在托里切利的實驗中（見第261頁的「看動畫‧學理化」），事先在玻璃管中充滿水銀，使管中沒有空氣，等玻璃管倒立時，在水銀柱上方會留下部分空隙，相當接近真空，稱為托里切利真空。靠著大氣壓力的作用，水銀才能維持76公分的高度，根據這個高度的水銀柱所產生的壓力，科學家即可算出正常的一大氣壓力，也稱為1 atm，其大小為1,033.6公克重／平方公分，或表示為76公分水銀柱高（cmHg）。在氣象學上，則以百帕為單位，一大氣壓為1,013百帕。

看動畫・學理化

動畫9-1：力的效應實驗

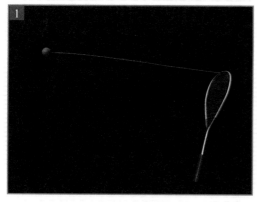

拉彈簧、壓皮球、推木塊，

這些動作都是我們對物體施力的方式，

我們的施力對物體會有什麼影響呢？

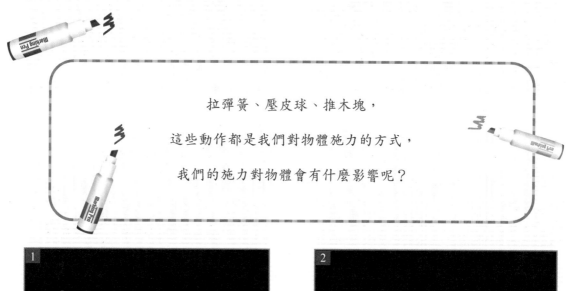

1. 球受到球拍與橡皮繩的施力，會發生什麼現象？

2. 球拍與橡皮繩對球的拉扯，首先會使運動中的球，速度減緩且改變運動方向。

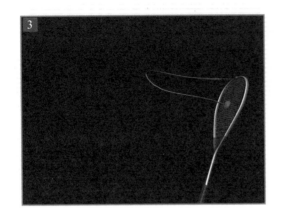

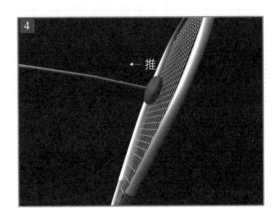

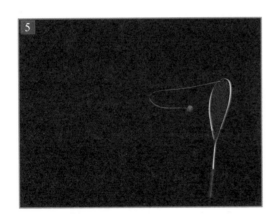

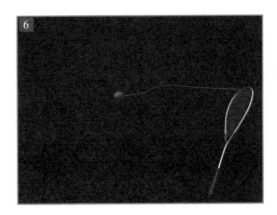

3. 而當球拍與橡皮繩把球拉回拍面，會使球產生形狀改變，從圓變扁。

4. 球受到球拍持續施力（推力），又由靜止而運動。

5. 球會沿著施力方向（球拍推力的方向），離開球拍。

6. 球持續沿施力方向，向左運動。

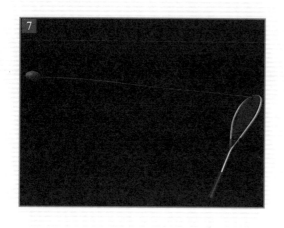

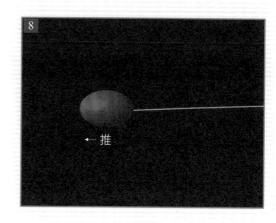

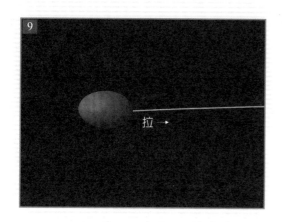

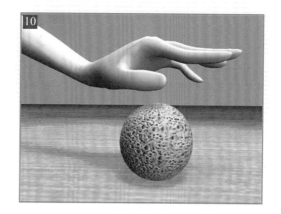

7. 球的運動使橡皮繩拉長。

8. 這是因為球施加拉力給橡皮繩。

9. 同時橡皮繩也施加拉力給球,使球運動速率漸慢。

10. 原來,施力在一個物體上,可能會使該物體形狀改變,也就是產生形變。

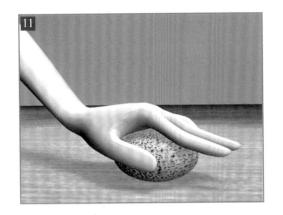

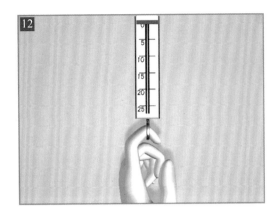

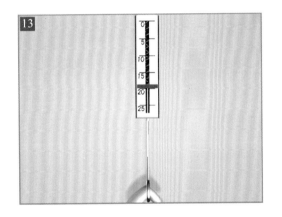

11. 手壓皮球，會使球變形。

12. 用手拉彈簧呢？

13. 彈簧會變長。

14. 力也可能會使物體運動狀態改變。用手推木塊就知道了。

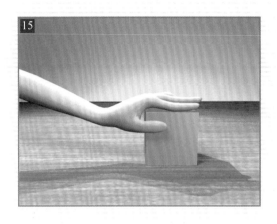

15. 這時木塊會沿施力的方向,從靜止開始運動。

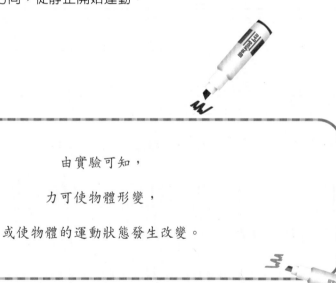

由實驗可知,

力可使物體形變,

或使物體的運動狀態發生改變。

看動畫‧學理化

動畫9-2：彈簧秤的兩力平衡實驗

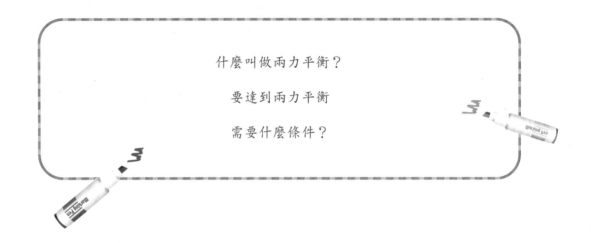

什麼叫做兩力平衡？

要達到兩力平衡

需要什麼條件？

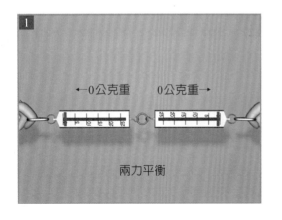

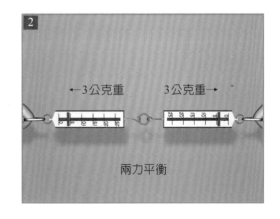

1. 準備兩具彈簧秤，讓它們以反方向同時勾住一個小鋼圈。

2. 左右兩邊同時施以3公克重的力時，小鋼圈明明受到力，但卻沒有移動。

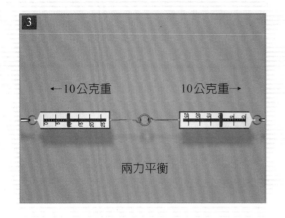

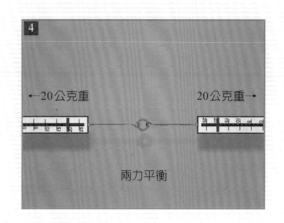

3. 當兩邊同時施以10公克重的力時，小鋼圈也不會移動。

4. 當兩邊同時施以20公克重的力時，小鋼圈也不會移動。

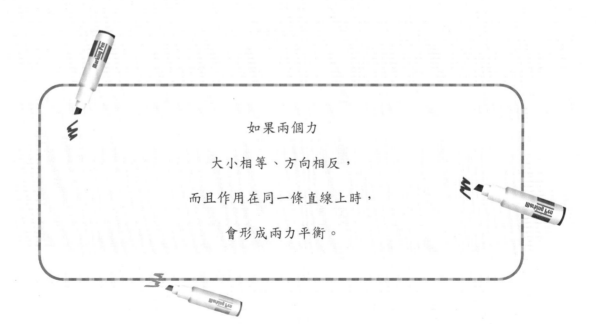

如果兩個力

大小相等、方向相反，

而且作用在同一條直線上時，

會形成兩力平衡。

動畫9-3：水與酒精的浮力實驗

物體放入液體中，

物體所減輕的重量，就相當於所受到的浮力，

物體在不同液體中所受浮力大小是否相同呢？

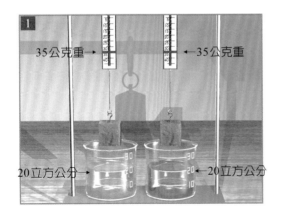

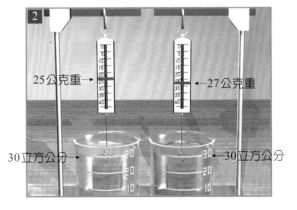

1. 準備兩個同樣35公克重、體積10立方公分的金屬塊，以及各裝滿20立方公分水與20
   立方公分酒精的兩個燒杯。

2. 左杯中，金屬塊浸入水後，重量剩下25公克重，水面則上升到30立方公分。金屬塊排開的水有10立方公分，因為水的密度是 1 g／cm³，所以排開的水有10公克重，而這恰好是金屬塊在水中減少的重量。右杯中，把金屬塊浸入酒精後，重量剩下27公克重，燒杯內酒精液面也上升到30立方公分，被金屬塊排開的酒精有10立方公分，因為酒精的密度是0.8 g／cm³，所以被排開的酒精有8公克重，而這也恰好是金屬塊在酒精中減少的重量。

物體在液體中所受浮力，

恰等於物體排開的液體重。

動畫9-4：噴泉實驗

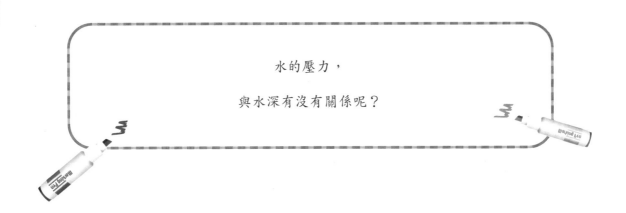

水的壓力，

與水深有沒有關係呢？

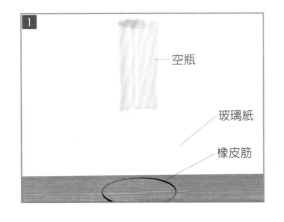

① 空瓶

玻璃紙

橡皮筋

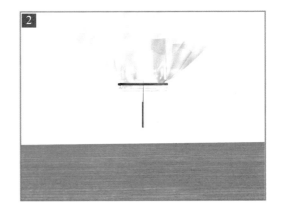

1. 先準備一個空瓶、一條橡皮筋、一張玻璃紙。

2. 用玻璃紙把瓶口包好，再於玻璃紙上戳一個小洞。

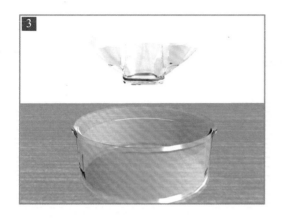

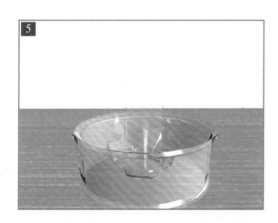

3. 把瓶口朝下，筆直放進水盆中。

4. 注意看瓶口處，當瓶口浸入水中，會從玻璃紙的小洞中噴出水柱。

5. 當瓶口所處的水愈深時，從小洞中噴出來的水柱高度就愈高。

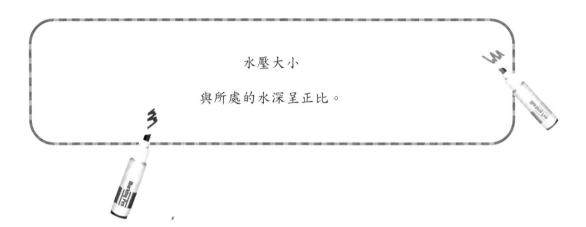

水壓大小

與所處的水深呈正比。

動畫9-5：馬德堡半球實驗

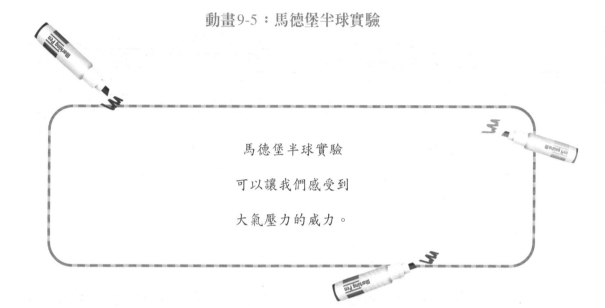

馬德堡半球實驗

可以讓我們感受到

大氣壓力的威力。

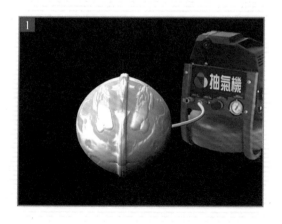

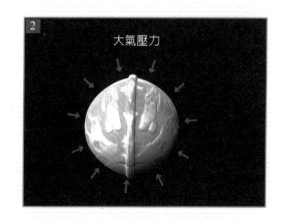

1. 把直徑36公分的兩個空心金屬半球合起來，並且把裡面的空氣抽光，成為真空。
2. 外面的大氣壓力把兩個半球緊緊壓在一起。

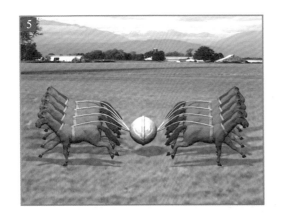
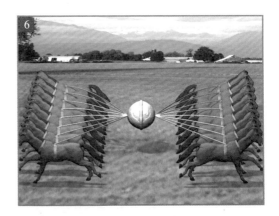

3. 兩邊各用一匹馬，無法把兩個半球拉開。

4. 兩邊各用兩匹馬，也無法把兩個半球拉開。

5. 兩邊各用四匹馬，也無法把兩個半球拉開。

6. 一直增加到兩邊各用八匹馬，才終於把兩個半球拉開。

馬德堡半球

雖然不能準確測量出大氣壓力的大小，

但卻讓我們見識到大氣壓力的威力。

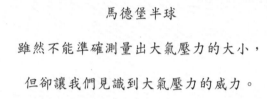

動畫9-6：托里切利實驗

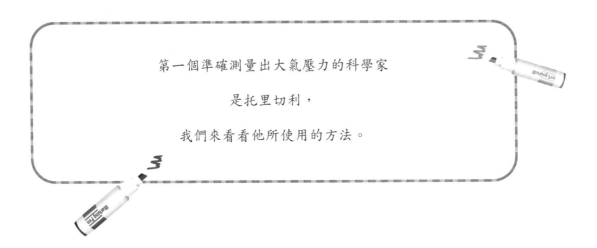

第一個準確測量出大氣壓力的科學家

是托里切利，

我們來看看他所使用的方法。

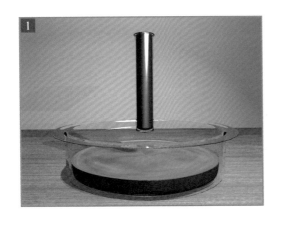

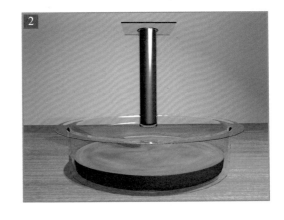

1. 取長度超過1公尺、一端封閉的玻璃管，把玻璃管裝滿水銀。
2. 用玻璃片蓋住玻璃管口。

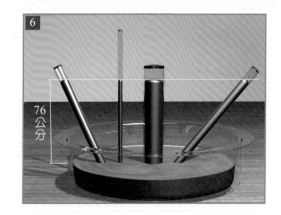

3. 把玻璃管倒轉，置入水銀槽中。

4. 取出玻璃片。

5. 共用4根長度、粗細均不相等的玻璃管（但每根均超過1公尺長），進行實驗。

6. 最後發現，當水銀不再流動時，4根玻璃管中的水銀高度，均為76公分。

在1大氣壓時，

托里切利實驗中的每根玻璃管，

管內的水銀高度都是76公分高。

水銀柱的高度不會因為玻璃管的粗細、長短而改變。

器材：可樂空罐（拉環式鋁罐）、鐵鉗、水盆、防熱布手套各一個

步驟：

1. 把器材攜至廚房。
2. 在水盆中加冷水半滿備用。在空鋁罐中加少許水，約1公分深。
3. 點燃爐火，調至小火，戴上布手套。
4. 用鐵鉗夾住鋁罐，以爐火加熱鋁罐底部至水沸騰，此時拉環缺口會冒出大量的白色高溫蒸氣，要小心避免燙傷。
5. 讓水持續沸騰約30秒，再把鋁罐移至水盆上方，迅速翻轉鋁罐，並把鋁罐頂端缺口壓入水中（鋁罐不要入水太深，水面恰可封住缺口即可）。
6. 觀察鋁罐是否被壓扁？若未成功，可再做一次，只要鋁罐中的水確實已沸騰，且翻轉鋁罐的動作夠快一定會成功！

本活動需用到廚房的瓦斯爐，需有成人在旁邊協助。

1. 鋁罐被壓扁，是力的哪一種效應？

2. 鋁罐中的水在沸騰一段時間後，鋁罐中填充的空氣變多還是變少？為什麼？

3. 把加熱中的鋁罐迅速翻轉壓入冷水時，為何鋁罐會被壓扁？

再動腦參考答案

1. 形變。

2. 變少，因為罐中充滿水蒸氣，會把空氣排出。

3. 因為鋁罐中的水蒸氣遇冷凝結成水，罐中呈現幾近真空的狀態，此時大氣壓力就把鋁罐壓扁。

第 **10** 章

蹺蹺板

—— 力與運動

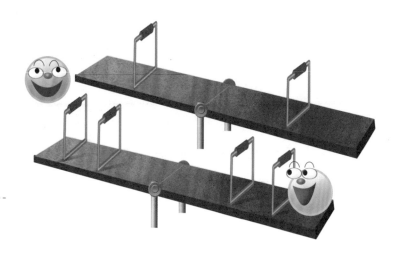

每個人都玩過蹺蹺板吧！

一人坐一邊，輪流利用自己的體重把同伴舉到高處，

一上一下，非常有趣！

但是如果你的同伴太胖或太瘦，那就不好玩了。

胖的人一直坐在地面，而瘦的人被蹺蹺板舉得高高的，下不來！

要怎樣才能讓一胖一瘦的兩個人，可以快快樂樂的玩蹺蹺板呢？

你得聽聽牛頓對力與運動的看法喔！

力學是物理學最重要的體系之一，與光學、熱學、電磁學並肩而立。開拓與奠定力學理論之美的物理學大師，就是英國的物理學家牛頓。

本章（蹺蹺板）即將介紹牛頓對力與運動的看法，在牛頓三大運動定律的架構下，古典力學自成完整的體系與脈絡，曾經是物理學中最嚴謹、最完善的一門。牛頓曾謙稱自己看得遠，是因為他「站在巨人的肩膀上」，也就是說，他是繼承且接續了哥白尼（Nicolaus Copernicus, 1473-1543）、第谷（Tycho Brahe, 1546-1601）與刻卜勒（Johannes Kepler, 1571-1630）這些偉大科學家的研究與學說，並發揚光大，才能有如此的成就。

10-1 兩力的合成

在拔河比賽中，左、右兩邊的「拉力」是由拔河隊上所有人的力累加起來的。拔河時如果兩方勢均力敵，兩邊力的總和會「相近」，且「方向相反」，也就是合力趨近於零。這時，如果在左邊添加人手，向左的拉力加大了，會使拔河繩由靜止變成向左移動。

第9章（拔河館）提到的「兩力平衡的條件」：（1）大小相等；（2）方向相反；（3）作用在同一直線上。如果滿足這些條件，這個兩個力會達到平衡，並且完全抵消。

當兩作用力不在同一直線上的時候，可以用簡單的平行四邊形法求得它們的合力（圖10-1）。利用平行四邊形法求不同夾角的合力，可得出：當兩力的夾角愈小時（方向愈近時），累加效果愈佳，合力愈大，反之合力愈小。

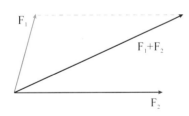

▲圖10-1

利用平行四邊形法求合力。把兩力的始點重疊在一起，再以兩力為邊，畫出一平行四邊形；通過始點的對角線即為合力。

歷史故事

橫跨五個世紀的血淚爭辯

仰頭看看太陽是怎麼運轉的？直覺上，你一定認為是太陽繞著地球轉的，對不對？古人也這麼認為，因而認定地球是宇宙的中心，所有日月星辰都環繞著地球轉。中古世紀的羅馬天主教廷也是這麼主張的，因為神以自己的形象創造了人，所以人是很重要的，當然要放在宇宙的中心。1530年，波蘭天文學家哥白尼寫了一本書，在書中主張地球繞太陽轉動，這種理論稱為「地動說」，違反了羅馬教廷的主張。哥白尼恐懼惹來殺身之禍，遲遲不敢出版這本書。等到十三年後（1543年），臨死之前，哥白尼才把這本書公開出版。

隨後羅馬教廷即視哥白尼的「地動說」為邪說，禁止散播哥白尼的主張，當時曾有學校教師因傳授「地動說」而遭處死。加利略也曾寫了一本對話錄，借書中人物反覆辯論，而指出「地動說」比較正確。加利略因此遭羅馬教廷審判，他生命中最後的八年遭到軟禁，最後淒涼過世。然而，丹麥天文學家第谷不相信「地動說」，他深信地球是宇宙的中心。為了駁斥地動說，他窮畢生之力，觀察日月星辰的運轉軌跡，蒐集了大量的資料。可是在第谷死後，他的助手刻卜勒分析第谷留下來的資料，卻得到地球是繞太陽運轉的結論。不但如此，刻卜勒還發現所有行星都以橢圓形軌道繞著太陽公轉，且在離太陽較近時轉得快，離太陽較遠時轉得慢。

受到刻卜勒的影響，牛頓開始思考要如何解釋刻卜勒的定律，最後牛頓提出萬有引力定律，主張行星因為受到太陽的萬有引力，因而繞著太陽轉。所以，當牛頓說他踏在巨人的肩膀上時，這巨人是自古以來所有科學家的努力所組成的，當然其中啟發牛頓最大的是哥白尼、第谷、加利略、刻卜勒等人，而非樹上掉下來的蘋果！

在1984年（加利略死後三百四十二年），教宗若望保祿二世（Pope John Paul II）終於赦免加利略並接受「地動說」。這場天文學家與羅馬教廷之間的爭辯，在橫跨五個世紀之後，終於塵埃落定！

▲ 光碟動畫〈蹺蹺板〉
引體向上的力合成實驗

在同一直線上的兩力F_1與F_2，如果方向相同，則合力值為兩力相加，即合力＝$F_1＋F_2$，合力方向為任一力的方向。因此可知，兩力夾角＝0°時，合力的量值最大。

若兩力方向相反，則合力大小為兩力相減，即合力＝$F_1－F_2$，合力方向為較大力的方向。因此可知，兩力夾角＝180°時，合力的量值最小。

從「引體向上的力合成實驗」，可以看出分力與夾角的關係（見第277頁的「看動畫‧學理化」）。

10-2　力矩與槓桿原理

如果我們對物體施力，物體除了可能會沿力的方向運動之外，也可能發生轉動。物體圍繞一固定點運動（例如剪刀），或圍繞軸線運動（如蹺蹺板），即稱為轉動。

從古至今，人類的許多器具都是利用轉動原理製成的，影響轉動效果的因素，包括了施力的大小、方向、支點與施力點的相對關係。

力　矩

以開門為例，施力愈大，門愈容易轉動；施力與門面的夾角愈大，門愈易轉動，當施力方向與門面垂直時，轉動效果最佳；施力點距離轉軸愈遠時，轉動效果愈好（見圖10-2）。物體轉動容不容易，要看力矩的大小。力矩就是「施力」與「力臂」的乘積。公式如下：

力矩（L）＝施力（F）× 力臂（d）

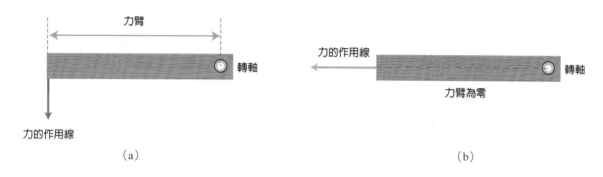

▲圖10-2

由門的上方俯瞰施力推開門的情形。

圖中矢號的長短與方向分別代表力的大小與方向,沿矢號兩端延長的直線,稱為「力的作用線」,而轉軸到「力的作用線」的垂直距離,稱為「力臂」。(a) 中的「力臂」恰為門的寬度,很容易打開門或把門關上; (b) 中「力的作用線」通過轉軸,所以力臂是零,門不會轉動。

單位系統	力臂(d)	力的大小(F)	力矩(L)
MKS(SI)	公尺(m)	公斤重(kgw)	公斤重・公尺(kgw・m)
CGS	公分(cm)	公克重(gw)	公克重・公分(gw・cm)

◀表10-1

力矩在各單位系統中的表示法

注:長度採用公尺(m),質量採用公斤(kg),時間採用秒(s)的單位系統,稱為MKS制,這一套系統也是國際單位系統(SI)。長度採用公分(cm),質量採用公克(g),時間採用秒(s)的單位系統,稱為CGS制。

　　力矩有方向性,分別為順時鐘方向與逆時鐘方向。如圖10-2 (a) 的力矩就是逆時鐘方向。通常以逆時鐘方向的力矩為正,以順時鐘方向的力矩為負。如果物體所受的力矩總和為零,即合力矩為

零，這個物體呈轉動平衡，也就是不會轉動。

坐蹺蹺板時，如果兩邊的人體重相差懸殊，可考慮調整力臂使雙方的力矩相近。體重輕的人（施力小的），必須往後坐（離支點較遠），加長力臂來增加力矩。如果以公式來表示這種情形，可以寫成：

$$f_1 \text{（體重較輕）} \times d_1 = F_2 \text{（體重重）} \times D_2$$

在這個式子中，$f_1 < F_2$，$d_1 > D_2$

槓桿原理

如果路邊一輛汽車的輪子陷到凹洞裡，整輛車動彈不得，司機先生一籌莫展，你要怎麼幫他的忙？你不覺得這很像玩蹺蹺板時，要把較胖的同伴舉起來的情況嗎？首先找來一根夠堅固的長棍，把其中一端伸到輪子下方，抵住地面。然後在棍子下塞一塊石塊，這塊石塊就當支點。我們用力壓棍子上端（施力點），由於施力臂比抗力臂大很多，因此應該可以把困住的車輛推出凹洞。

桿狀物體如果以某一點當支點，繞著支點發生轉動，這根桿子就稱為槓桿。作用在槓桿上的數個力矩總和為零時，槓桿會保持轉動平衡，這稱為「槓桿原理」。蹺蹺板、剪刀、開瓶器等，都是利用槓桿原理來工作的。槓桿原理可表示如下：

$$施力 \times 施力臂 = 抗力 \times 抗力臂$$

▲圖10-3

剪刀就是利用槓桿原理來剪東西的。

10-3 牛頓第一運動定律

加利略發現，滾動的物體如果不受外力作用，它會一直滾下去（見第279頁的「看動畫‧學理化」）。

牛頓綜合了加利略的想法，發展出牛頓第一運動定律，又稱慣性定律，內容為：物體若不受外力作用或所受合力為零，則其運動狀態維持不變，靜者恆靜、動者恆做等速度運動。

交通號誌燈剛變成綠燈，公車突然前進，導致乘客後仰；而本來等速行進的公車，突然煞車，乘客會往前傾。快速抽走桌巾時，桌上物體仍留於桌上；拍打衣服上的灰塵，使灰塵脫離衣服；還有，拿鐵鎚敲打木板的「慣性定律實驗」（見第282頁的「看動畫‧學理化」），這些都是慣性作用的表現。

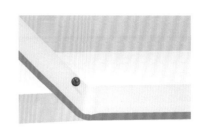

▲光碟動畫〈蹺蹺板〉
加利略的慣性定律實驗

10-4 牛頓第二運動定律

牛頓第一運動定律指出，物體在不受外力（或合力為零）時，物體的運動狀態不會改變。但是當外力不為零時，就要靠牛頓第二運動定律才能解析了。

牛頓第二運動定律為：物體受合力不為零的外力作用時，必在外力的方向上產生一個加速度，這個加速度的大小與外力成正比，但與質量成反比。

第二運動定律的公式如下：

$$力（F）＝質量（m）\times 加速度（a）$$

▲光碟動畫〈蹺蹺板〉
慣性定律實驗

當F＝0時，因質量不為0，所以a必定等於0，物體呈靜止狀態或進行等速度運動。此外，力是質量與加速度的乘積，所以單位為公斤‧公尺／秒²（kg‧m／s²）。為了方便，常以「牛頓」做為力的單位，1牛頓（N）＝1公斤‧公尺／秒²＝1 kg‧m／s²。

表10-2 ▶

力、質量、加速度在各單位系統
中的表示法

單位系統	力（F）	質量（m）	加速度（a）
MKS（SI）	牛頓（N）	公斤（kg）	公尺／秒²（m／s²）
CGS	達因（dyne）	公克（g）	公分／秒²（cm／s²）

注：1公克重＝980達因，1公斤重＝9.8牛頓。

根據牛頓第一運動定律，在水平地面滾動的皮球會持續向前滾動，不過實際上，皮球滾動一定距離後就會停止。根據牛頓第二運動定律顯示，一定有不為零的外力介入，這個外力就是摩擦力，我們將在《3D理化遊樂場II》的第11章（摩天輪）中，介紹摩擦力的觀念。由於摩擦力與物體原運動方向相反，代入公式時常以負號表示。

10-5 牛頓第三運動定律

游泳比賽時，選手游到水道盡頭時，翻身用腳一蹬，立刻像飛箭般向前竄。為什麼選手要這麼用力蹬岸邊的牆壁？這就是充分運用牛頓第三運動定律，增加變換方向時的加速度。

牛頓第三運動定律又稱「作用與反作用定律」，內容為：施力於一物體，物體將產生反作用力，作用力與反作用力的大小相等而

方向相反,同時發生亦同時消失,且沿直線作用。

當游泳選手用F大小的力蹬牆壁時,牆壁也以－F的力作用在選手身上,所以選手獲得了加速度。F與－F大小相等,方向相反(負號即表示方向相反),所以愈用力蹬的選手,可獲得愈大的反作用力。

作用力與反作用力雖然大小相等,方向相反,但是因為這兩個力作用在「不同的物體」上,所以不會抵消。以游泳的例子來說,當選手的腳蹬向牆壁、施力於牆壁的同時,牆壁亦施一反作用力於選手的腳上,使選手反向彈回,游向水道的另一頭。作用力與反作用力的受力者,分別是牆壁及選手,由於受力的物體不同,所以不能相互抵消。

現實生活中,利用作用力與反作用力的例子不勝枚舉。桌面上的靜止物體,因為地心引力吸引,而向下施力於桌面,同時桌面也向上施反作用力,「撐住」物體,所以物體能安穩置於桌面。另外如船舶前進,是利用水中的螺旋槳旋轉把水向後排開,而水也施反作用力,把船身往前推進;火箭透過劇烈燃燒向後排氣,排出的廢氣亦施一反作用力,推動火箭前進;發射大砲時,砲彈向前射出,砲身則後退;以手掌拍打皮球,皮球施反作用力到手掌上,所以手會痛。

▲圖10-4

火箭排出的氣體產生反作用力,
讓阿波羅15號太空船升空。

看動畫・學理化

動畫10-1：引體向上的力合成實驗

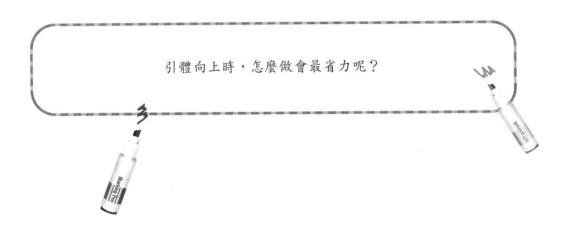

引體向上時，怎麼做會最省力呢？

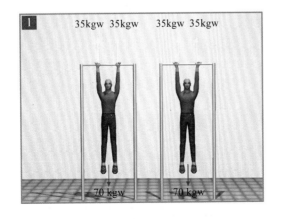

1　35kgw 35kgw　35kgw 35kgw

70 kgw　70 kgw

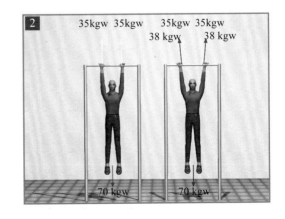

2　35kgw 35kgw　35kgw 35kgw
38 kgw　38 kgw

70 kgw　70 kgw

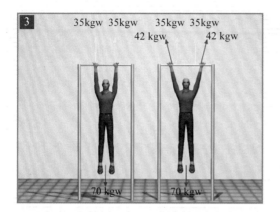

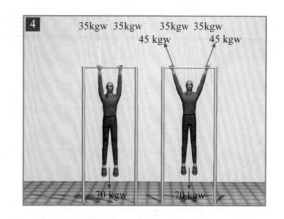

1. 當一個70公斤重的人做引體向上，也就是用雙手吊單槓時，地球引力施加在人體上的重力為向下70公斤重。如果用兩隻手臂平行向上拉住單槓，則兩手各分擔35公斤重，這是拉單槓最不吃力的方法。

2. 可是當我們把雙手往兩側移動時……

3. 雙臂上的夾角變大，需要更大的力……

4. 夾角愈大，兩隻手臂也就愈來愈吃力。下次吊單槓時，知道要用什麼方法才不吃力了嗎？

把一個力分成兩個分力，

讓這兩個分力合起來的效果與原來的力相同。

當兩個分力的夾角愈大時，分力愈大，

當兩個分力的夾角愈小時，分力愈小。

動畫10-2：加利略的慣性定律實驗

加利略說，如果一個滾動的物體不受外力作用，

它會一直滾下去。

這個觀念顯然違反一般人的經驗，

究竟為什麼加利略會有這種想法呢？

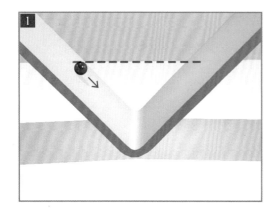

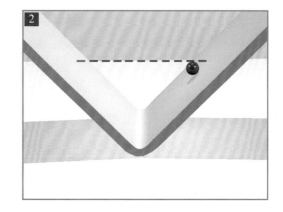

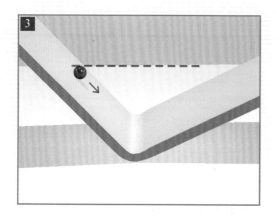

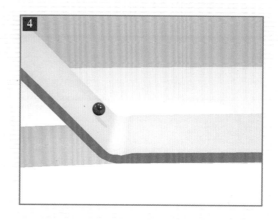

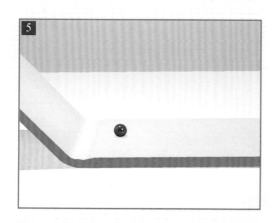

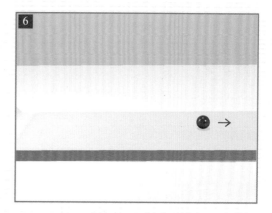

1. 小球從斜面某一高度滑下⋯⋯

2. 總是會滾到第二個斜面的同一高度才會停止。

3. 同樣讓小球從斜面滑下⋯⋯

4. 但是把第二個斜面變成水平面。

5. 小球會往前滾動，

6. 如果沒有摩擦力，小球永遠不會停止。

假如第二個斜面變成水平面，

由於小球永遠也滾不到原來的高度，

小球將會一直滾動，永不停止。

動畫10-3：慣性定律實驗

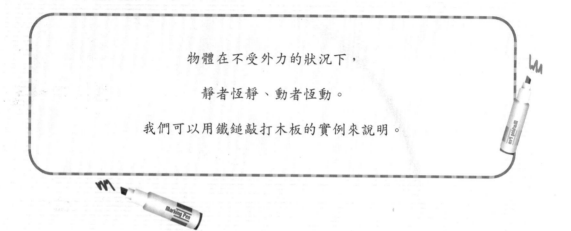

物體在不受外力的狀況下，

靜者恆靜、動者恆動。

我們可以用鐵鎚敲打木板的實例來說明。

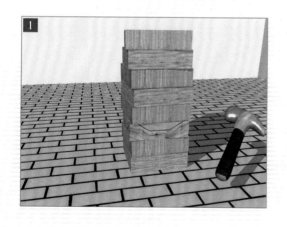

1. 把木板排成一落……
2. 拿鐵鎚敲打木板。

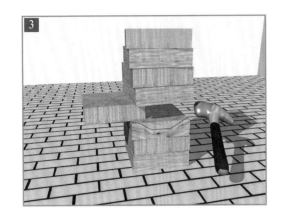

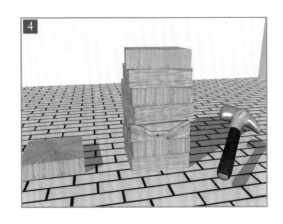

3. 被鐵鎚敲到的木板，沿著水平飛出去……

4. 飛出去的木板落到地上，它上方的木板則垂直落下。

拿鐵鎚以水平方向橫向敲打其中一塊木板，

被敲打到的木板會沿著受力的方向飛出去，

而其他沒有受力的木板不會有水平移動。

動動手・動動腦

先動手

我們來玩個噴射氣球的遊戲吧！

器材：風箏線（約5公尺長）、氣球、吸管（喝珍珠奶茶用的大吸管）、膠
　　　帶

步驟：

1. 氣球吹氣，並在吹氣口打結（不要打太多結，等一下還要再鬆開）。用膠
　帶把氣球黏貼在吸管一側。

2. 以風箏線穿過吸管，把線的兩端綁在相隔4公尺以上的家具上（如桌、
　椅）。

3. 把吸管沿線滑動到線的一端，使氣球垂在吸管下方，打結的吹氣口向
　後，氣球的另一頭朝向風箏線遠方的一端。

4. 解開氣球上的結，這時仍用拇指及食指捏緊吹氣口。

5. 調整好氣球與吸管位置後，把手放開，觀察有何現象發生？

再動腦

1. 未鬆開氣球吹氣口之前，噴射氣球受到哪些力？會不會移動？

2.鬆開氣球吹氣口之後，噴射氣球是否移動，爲什麼？

再動腦參考答案

1. 未鬆開氣球吹氣口之前，噴射氣球受到向下的重力與風箏線施加的向上
支撐力，這兩個力合力爲零時，噴射氣球靜止不動。

2. 鬆開氣球吹氣口之後，氣球施力把內部空氣向後排出，依牛頓第三運動
定律，排出的空氣同時會施加一反作用力予氣球，所以氣球向前飛去。

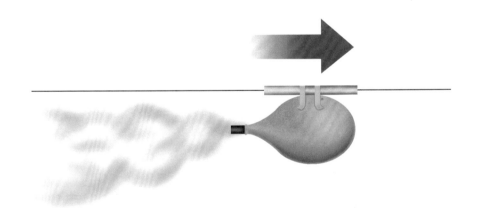

繪圖及圖片來源

Tony 繪製

0-1、2-2、5-2、5-3、5-5、9-3、9-4、p.285

邱意惠繪製

4-6、5-4、6-2、6-4、8-2、8-3、8-4、p.227、9-2、p.240、
10-1、10-2

圖片來源

0-2、2-5：徐仕美提供

1-1、2-3、2-4、3-1、4-1、4-5、5-1、6-3、6-5、7-1、7-2、8-1、9-1、10-3：購自富爾特數位影像

2-1、4-3、10-4：NASA提供

4-2：justdiamond提供

4-4：justgold提供

6-1：三鏑動畫科技公司提供

如果課本像漫畫……

中學課本太乏味，費曼的講義又太難，《看漫畫，學物理》才能幫我們打開物理世界的大門。

看漫畫，學物理

高尼克、霍夫曼　著　葉偉文　譯

■定價 300元　■書號 WS046

　慣性、動量、能量、速度、加速度、電流、電壓、電阻、電磁感應、相對論……，這些物理課本中的名詞是否讓你很苦惱？就算你把它們的定義和公式統統背起來，還是很難和身旁的東西連起來。

　為什麼車子緊急煞車時，你會往前衝？什麼方法能讓你最快減重下來？為什麼水力可以發電，而且發出來的電能要用高壓電傳輸？為什麼電磁效應可以讓電車煞車，也可以讓汽車起動？除了這些日常生活中隨處遇到的物理之外，即使是相對論、量子力學這些高深的物理，這本書都能透過詳細的圖解、生動的文字、幽默的對話，讓你一邊看逗趣的漫畫，一邊用新鮮的方式學物理。

最有趣的環境科學入門書！

本書獲Amazon網站所有讀者
五顆星好評

看漫畫，學環保

高尼克、奧華特　著　陳瑞清　譯

■定價 300元 ■書號 WS049

　　四處蔓延的傳染病，竟成了我們最大的恐懼！瘟疫究竟是怎麼爆發的？

　　政府規定大家做資源回收、購物自備環保袋，不少人覺得不方便。但是你可能從沒想過，每天製造出來的垃圾都到哪兒去了？

　　日常生活中，許許多多與環境、生態有關的話題，常常在耳邊迴盪。我們知道環保很重要，卻不明白為什麼要那樣做環保。

　　環保絕不是魯莽無知的行動，環保必須以智識為基礎。這一本最有趣、最有價值的環境科學入門書，可以為所有的大人與小孩，深入淺出的介紹生態與環境知識，解答關於環境的種種疑問。

　　打開《看漫畫，學環保》，就打開了環保的新希望！

史上最性趣盎然的漫畫！

課本太無聊，A片太偏頗，
正確的性觀念到底為何？
本書為你解開所有疑惑！

看漫畫，學SEX

高尼克、德渥特　著　林文斌　譯

■定價 300元 ■書號 WS050

　　愛是什麼？他這麼做到底愛不愛我？性是可做不可說的嗎？我只知道性姿勢，不知道性知識？該怎麼保護自己和所愛的人呢？兩性之間該如何互動？

　　《看漫畫，學Sex》以不扭捏也不說教，清楚且幽默的筆調與漫畫，明明白白告訴讀者：愛要怎麼說，愛該怎麼做！

　　有了這本書，父母對孩子解釋性問題時，就不再會結巴臉紅，書中精確的圖解、幽默的漫畫，讓親子在笑聲中輕鬆學習正確的性知識。而青少年看了這本書，就能更清楚了解自己及異性的生理與心理變化，消彌對性的焦慮、疑惑與衝動，平安度過徬徨少年時。

輕鬆搞定
遺傳學！

《看漫畫，學遺傳》讓教科書為
之汗顏。
——梅索森（Matthew Meselson）
美國哈佛大學分子遺傳學權威

看漫畫，學遺傳

高尼克、惠理斯　著　師明睿　譯

■定價 300元 ■書號 WS047

　　父母的長相是怎麼遺傳給小孩的？這好像跟基因有關，基因究竟是什麼？

　　染色體、DNA、顯性跟隱性、基因型跟表現型……這些名詞又各代表什麼
意思？

　　上生物課時，你是否常常讓遺傳學名詞弄得暈頭轉向，課本怎麼也看不懂？
趕快打開這本已經享譽十餘年的漫畫經典吧，一起來看漫畫，學遺傳。

　　逗趣的漫畫、生動的文字，為你把遺傳學的道理仔細說清楚。從最基礎的遺
傳學知識（譬如孟德爾的遺傳法則、細胞分裂、基因的複製與突變），到基因
工程技術的各種應用（例如基因選殖、試管嬰兒，以及引發爭議的複製人），
都能一次輕鬆搞定。

國家圖書館出版品預行編目資料

3D理化遊樂場：玩出理化高手／陳偉民、林金昇、江彥
雄撰稿；鐘世凱、三鏑動畫科技公司動畫製作. ——第
一版. ——台北市：天下遠見出版；[台北縣新莊市]：
大和圖書書報股份有限公司總經銷, 2004[民93]

冊；　公分. ——（科學天地；55-56）

ISBN 986-417-252-2（第1冊：附光碟片）——
ISBN 986-417-253-0（第2冊：附光碟片）
1. 物理學—教學法　　2. 化學—教學法
3. 中等教育—教學法

524.36　　　　　　　　　　　　　　　93002217

典藏天下文化叢書的 **5** 種方法

1. 網路訂購
歡迎全球讀者上網訂購，最快速、方便、安全的選擇
天下文化書坊 www.bookzone.com.tw

2. 請至鄰近各大書局選購

3. 團體訂購，另享優惠
請洽讀者服務專線 (02) 2662-0012 或 (02) 2517-3688 分機 904
單次訂購超過新台幣一萬元，台北市享有專人送書服務。

4. 加入天下遠見讀書俱樂部
■ 到專屬網站 rs.bookzone.com.tw 登錄「會員邀請書」
■ 到郵局劃撥 帳號：19581543　戶名：天下遠見出版股份有限公司
　（請在劃撥單通訊處註明會員身分證字號、姓名、電話和地址）

5. 親至天下遠見文化事業群專屬書店「93巷・人文空間」選購
地址：台北市松江路93巷2號1樓　電話：(02) 2509-5085

3D 理化遊樂場　I

撰　　稿／陳偉民、林金昇、江彥雄
動畫製作／鐘世凱、三鏑動畫科技公司
科學天地書系顧問群／林　和、牟中原、李國偉、周成功
書系主編／林榮崧
責任編輯／林文珠、徐仕美、王季蘭（特約）
封面暨版型設計／江儀玲
特約美編／黃淑英
插圖繪製／邱意惠、Tony

出版者／天下遠見出版股份有限公司
創辦人／高希均、王力行
天下遠見文化事業群 總裁／高希均
發行人／事業群總編輯／王力行
天下文化編輯部總監／林榮崧
版權部經理／張茂芸
法律顧問／理律法律事務所陳長文律師、太穎國際法律事務所謝穎青律師
社　　址／台北市 104 松江路 93 巷 1 號 2 樓
讀者服務專線／（02）2662-0012　傳真／（02）2662-0007　2662-0009
電子信箱／cwpc@cwgv.com.tw
直接郵撥帳號／1326703-6 號　天下遠見出版股份有限公司

製 版 廠／凱立國際資訊股份有限公司
印 刷 廠／吉鋒彩色印刷股份有限公司
裝 訂 廠／台興裝訂廠
登 記 證／局版台業字第 2517 號
總 經 銷／大和圖書書報股份有限公司 電話／（02）8990-2588
出版日期／2004 年 3 月 10 日第一版
　　　　　2004 年 3 月 30 日第一版第 2 次印行

定　　價／460 元（附 3D 動畫光碟）

ISBN: 986-417-252-2
書號：WS055

BOOK zone 天下文化書坊　http://www.bookzone.com.tw